传奇科学家的探索之旅

哇！科学家
古代科技的先驱

盒子猫　编著

化学工业出版社

·北京·

内容简介

提到科学家,我们脑海中就会飞快地掠过一个个穿着白大褂、摆弄着各种精密仪器的身影。不过,拥有这种优渥条件的只是现代的科学家。那么在古代,那些蒙昧初醒的科学先行者们,是怎样发现和探索我们身边的世界的呢?

本册中将介绍15位中外古代科学家及其传奇故事。从"哲学和科学之祖"泰勒斯、允许女子听课的"数学之父"毕达哥拉斯、科学成绩"等于整个古希腊"的"科圣"墨子,一直到提出"万有引力定律"和牛顿三定律的科学巨匠牛顿。这些科学先行者们,以他们朴素的好奇心和求知欲,不断探求真理,带领人类社会冲破蒙昧,走向现代。

图书在版编目(CIP)数据

哇!科学家.古代科技的先驱/盒子猫编著.—北京:化学工业出版社,2022.1
(传奇科学家的探索之旅)
ISBN 978-7-122-40273-8

Ⅰ.①哇… Ⅱ.①盒… Ⅲ.①科学家-列传-世界-古代-儿童读物 Ⅳ.①K816.1-49

中国版本图书馆CIP数据核字(2021)第235379号

责任编辑:刘莉珺　　　　　　　　　　文字编辑:李　曦
责任校对:赵懿桐

出版发行:化学工业出版社(北京市东城区青年湖南街13号　邮政编码100011)
印　　装:北京宝隆世纪印刷有限公司
710mm×1000mm　1/16　印张7¾　2023年1月北京第1版第1次印刷

购书咨询:010-64518888　　　　　　　　售后服务:010-64518899
网　　址:http://www.cip.com.cn

凡购买本书,如有缺损质量问题,本社销售中心负责调换。

定　价:45.00元　　　　　　　　　　　　版权所有　违者必究

PREFACE

前言

教室里，当老师问大家"长大后你想从事什么职业？"时，许多只小手举起来，一个个争先恐后地回答："歌唱家！""舞蹈家！""科学家！"……在这么多职业中，"科学家"这个回答是最需要勇气的。这是因为，科学家是能改变世界、影响全人类的一类人！

专门从事科学研究的人都可以被称为"科研工作者"，但能被称为"科学家"的，都是一些能进行自主研究、创造出惊人成果的伟大人物。比如发现了"万有引力定律"的物理学家牛顿，提出了"日心说"的天文学家哥白尼，拥有1000多项专利的发明家特斯拉等。每一个被载入史册的名字，背后都有一段无法复制的人生。霍金在风华正茂的年纪身患绝症，凭借仅能活动的3根手指完成了《时间简史》；图灵从一个"留守儿童"成长为"计算机科学之父"，凭借知识的力量破译敌方密码，帮助盟军取得了第二次世界大战的胜利；"社交恐惧症患者"卡文迪许连跟人交流都很困难，却能计算出地球的质量；在喷嚏黏液中发现溶菌酶、观察未清洗的培养皿发现青霉素的微生物学家弗莱明为提高全世界人口的平均寿命做出了卓越的贡献；躺在床上看地图，灵光一现提出"大陆漂移说"的魏格纳，是一名优秀的地质学家、气象学家和探险家；出身贫苦、差点儿输在人生起跑线上的法拉第"自学成才"，发现了电磁感应现象，推动了改变世界的第二次工业革命……在人类历史的漫漫长河中，他们是最闪耀的科学巨星。

"哇！科学家"丛书收录了古今中外50位科学巨星的故事，他们在物理学、化学、数学、医学、生物学、天文学、地理学、计算机科学等诸多科学领域做出了历史性的巨大贡献。

读完每个故事，你会发现，每一位科学家都不是从天上掉下来的，而是扎根于生活的土壤里慢慢成长的。他们是天才，但更是凡人，他们都有自己的喜怒哀乐和爱恨怨憎。他们是一个个有思想、有血肉、有过往的人，而不仅仅是被印刷在教科书中的名字与定律。

读完每个故事，你会发现，虽然科学家们的性格各不相同，人生际遇也相差甚远，但他们都有一些共同点——对世间万物的强烈好奇，让他们不停地探索真理、破解疑问、求得真知；对知识的渴望，让他们在青少年时期无论贫富贵贱，都会尽力抓住一切机会努力求学，一生都像海绵吸水一样吸收着各种知识；惊人的毅力和耐心，让他们甘愿付出常人难以想象的时间和精力去进行科学研究，并在一次次失败后仍然钻研不息，最终取得耀眼的成功；巨大的勇气以及敢于挑战的大无畏精神，让他们能突破世俗、权威、历史甚至学科的局限，在布满荆棘的谬误荒野中开辟出一条通往真理的路……

也许，我们并不能完全体会到科学家的伟大，但在炎热的夏天，当我们注射完疫苗，搭乘汽车回到家中，打开电灯、空调，一边享受着从冰箱中取出来的小零食，一边在网上感受高科技给我们带来的视觉冲击时，我们应该意识到，现代科技和便利生活的背后是一代又一代科学家的身影。

目　录

前 624	"第一"收集狂人——泰勒斯 ………………… 2
前 580	特立不独行的毕达哥拉斯 ………………… 10
前 476	爱好和平的"科圣"——墨翟 ………………… 18
前 330	人生几何，欧几里得 ………………… 26
前 287	想撬动地球的人——阿基米德 ………………… 32
1031	非全才，不学霸——沈括 ………………… 40
1452	奇迹"穿越侠"——达·芬奇 ………………… 48

年份	内容	页码
1473	哥白尼 =50% 的天文 +50% 的上帝	54
1518	我不是"药圣"？——李时珍	62
1564	"玩转"地球的人——伽利略	70
1571	天空立法者——开普勒	78
1578	威廉·哈维带你解密心脏与血脉的奥秘	86
1623	让凡人颤抖的天才——帕斯卡	92
1632	"不务正业"的看门人——列文虎克	100
1643	你好，牛顿爵士	108

导语

提到科学家，我们脑海中就会飞快地掠过一个个穿着白大褂、摆弄着各种精密仪器的身影。不过，拥有这种优渥条件的只是现代的科学家。那么在古代，那些蒙昧初醒的科学先行者们，是怎样发现和探索我们身边的世界的呢？

纵观整个科学发展史，从"哲学和科学之祖"泰勒斯、允许女子听课的"数学之父"毕达哥拉斯、科学成绩"等于整个古希腊"的"科圣"墨子，一直到提出"万有引力定律"和牛顿三定律的科学巨匠牛顿，这些科学先行者们，带我们一步步接近真理。现在，让我们就一起来认识一下这些科学世界的伟大奠基者吧！

"第一"收集狂人——泰勒斯

作者：其扬

如果你想学习哲学，那你一定绕不开的一个人就是哲学先祖泰勒斯；如果你想成为一个数学学霸，那你也必定不能忽视泰勒斯的定理；如果你喜欢天文学，那你一定会对泰勒斯这位大神佩服得五体投地。那么，泰勒斯究竟是谁呢？

名人小档案

姓名：泰勒斯　　**国籍**：古希腊
生卒：约公元前624年—公元前547或546年
身份：奴隶主贵族阶级
职业：数学家、哲学家、天文学家
口头禅：水是最好的　　**爱好**：很多，除了经商
必杀技：有毛病？多喝水！
荣誉：第一、第一、第一，这可不是我口吃，泰勒斯的的确确包揽了世界上的多项第一，比如，哲学史上第一人，科学第一人，预测日食的第一人等

水是最好的饮品

泰勒斯生活在盛极一时的古希腊，他的爸爸是奴隶主贵族，所以他从小便接受了良好的教育，不用考虑面包

与水的生存问题，泰勒斯自然而然有更多的时间来思考世界。

有一天泰勒斯坐在海岸边，感受着轻盈的浪花拍打他的脚尖，看着远处的帆船悠悠地航行着，那和煦的阳光像金沙一样温柔地铺洒在他的头顶，他便也想象着自己正坐在一只帆船上："说不定这片陆地就是一只大帆船呢。"

可当他说完这句话，自己被自己吓了一跳，一个大胆的想法在他脑海中蔓延。也许陆地本就是漂浮在海上的！海浪拍打船身时我们会感受到晃动，说不定地震就是因为巨大的海浪在拍打陆地啊！

泰勒斯在长期的生活经验中发现，水可以滋养万物，一切生命都离不开水，植物的种子只有在水的滋润下才能生根发芽。别人聚会高举酒杯，品尝香醇的葡萄酒时，他却高举一杯水，满眼放光欢呼道："水是最好的饮品！"

在那个时候人们都认为看不见的神灵才是世界的本原，而泰勒斯则是第一个主张以看得见的物质作为世界本原的人，在人类思想史上，这是一个重要的突破。不仅如此，泰勒斯还召集了一群小伙伴一起讨论哲学，从而创建了米利都学派。虽然在今天看来，这种思想是非常朴素的，但是如果没有这样的思想启蒙，哪里会有哲学的发展呢？

水是最好的饮品！

我累了,写会儿数学题休息一下

在泰勒斯那个时代,不精通数学都不好意思说自己是文化人。泰勒斯是一个追求上进的青年,当他发现身边的小伙伴们都在讨论数学后,他当然不甘屈居人后,回到家夜以继日地与几何死磕到底。

谦虚好学的泰勒斯向学者问道:"我们都知道直径平分圆周,可是怎么证明它呢?"学者大惊失色:"是啊,直径平分圆周只是我们的经验之谈,但是如何用逻辑来证明呢?"学者回答不出来。泰勒斯则表示"不慌,稳住,我们能赢",便自己挽起袖子,动手证明。泰勒斯抱着成为数学家的信念,埋头苦干,年复一年,终于他将命题证明的思想引进数学界,轰动一时。

虽然，泰勒斯的成就已经超越了许多学者，可他还是忧心忡忡："一定还有人背着我在偷偷学习，我不能落后。"原来古今中外，学霸的斗志都是一样强烈啊。就这样，泰勒斯发现了更多的几何定理，这些定理是每一位学习数学知识的人都不可回避的定理，甚至有一个定理以他的名字命名：泰勒斯定理——在圆直径上的内接三角形一定是直角三角形。

我们不一样！

当别人在睡觉的时候，泰勒斯在仰望星空；

当别人在观看戏剧的时候，泰勒斯在计算一年到底有多少天；

当别人在举行宴会的时候，泰勒斯便已经成为第一个确定365天为一年的人。

泰勒斯的梦想从来就不是做一个安静的美男子，他的梦想是永攀知识高峰，不论是上九天揽月，还是下五洋捉鳖，泰勒斯总是不达目的不罢休，于是他常常面对星辰大海感叹道："到达胜利之前，无法回头。"

星辰大海也没有数学有趣呀！

要说泰勒斯可真够胆大,阿基米德只是说"给我一个支点,我就能撬起整个地球",可实际上呢,他也没能把地球翘起来。但泰勒斯却说:"我要测量太阳的直径!"这不测则已,一测惊人,原来泰勒斯要放"大招"了。他测量出太阳的直径约为日道的七百二十分之一,而这个数值与当今科学家们测量出来的太阳直径相差很小。可见泰勒斯才是真正的大 BOSS 啊!

这么热爱天文的泰勒斯也曾闹出过一个笑话。有一天,他在一片广阔的原野中走着,抬起头看见了一望无垠的星空,遥远得没有尽头,就在他预测出明日会下雨时,他突然身影一斜,消失在平地上,路边的农夫吓了一跳,还以为泰勒斯变成神仙飞走了,结果走近一看,原来是泰勒斯过于痴迷于星空,没看到脚下的泥坑,掉了进去。他爬上来的第一句话就是告诉那位农夫"明天会下雨啊"。果然第二天下了大雨。原来伟大的科学家们心中只有自己的经验值,掉进坑啥的都是浮云啦。

计算金字塔高度的男人

好学的泰勒斯来到埃及学习东方文化，他看到尼罗河洪水退去后留在岸边的肥沃的淤泥，淤泥中还有蠕动的幼虫，满心欢喜的他露出了慈母般的微笑，忍不住又说出了那句口头禅："水果然是最好的。"

这时，他听见路人正在讨论埃及国王颁布的一道诏令，谁要是能知道金字塔有多高，就承认他有着最高的智慧。泰勒斯听到这样一个消息，第一反应就是："我去！"果然是不甘居人后啊！泰勒斯既然接受诏令，就等于破釜沉舟，没有后退的路了。

泰勒斯苦思冥想，就是想不到测量金字塔高度最简单的方法，他也很绝望啊，于是他惩罚自己站在酷热的太阳底下暴晒。可见，成功的人都是对自己狠得下心的人。慢慢地，他发现，自己影子的长度会随着太阳高度的变化而变化，一天中总有一个时刻，影长和自己的身高相等，那么，在这个时刻，金字塔的影长也会和金字塔的高度相等。

泰勒斯不愧是数学小达人、几何小王子，他利用相似三角形的原理，成功地解答了国王出的难题。

国王听完泰勒斯的解释后，兴奋地说："完美！此处应有掌声啊。"泰勒斯也开心得像个孩子，就差没站在金字塔顶吼道："还有谁！"

趣味实验

看完泰勒斯的实验,你会不会对他感到由衷的钦佩呢?其实你也可以亲自动手做这样一个实验哟,并且完全不需要等到太阳上升到自己影长和身高相同时再去测量,所以我们这个方法比泰勒斯的更加简单!我们所需要准备的工具就只有一根木棍和一把卷尺。

原理

1. 要知道太阳光线可以看成是平行光线,这就意味着,在同一时刻、同一地点,太阳光线与任何物体所成的夹角都相等。

2. 相似三角形性质定理:相似三角形对应角相等,对应边成比例。这听起来可能有点难以理解,但是看完右侧这张图片,你一定会一目了然。不相信?那就拿起你的量角器和尺子量一量吧!

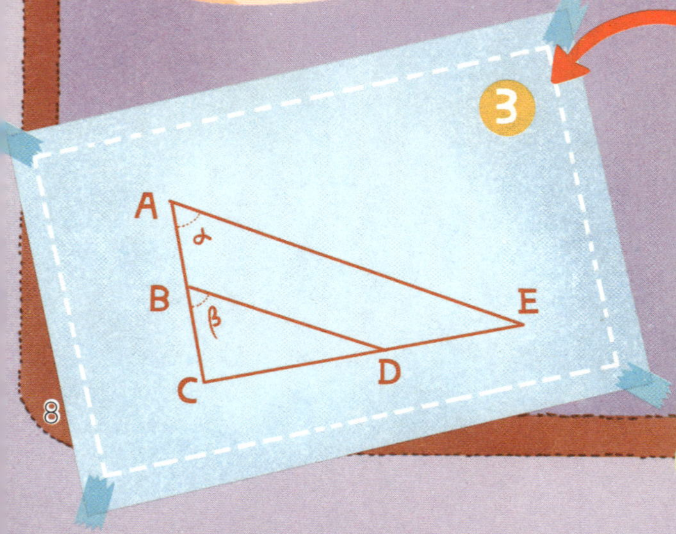

3. 最重要的部分来了,什么是"对应边成比例"呢?假设测量目标为旗杆,图中,我们可以把 AC 想象成旗杆,CE 为旗杆影长,BC 为木棍,CD 为木棍影长。

BC/AC=CD/CE,这就是对应边成比例。

实验部分

现在可以开始实验啦。依旧以测量旗杆为例，准备一把卷尺和一根木棍。只要方便测量木棍的长度，不论你选择多长的木棍都可以哟。

首先测量木棍高度，将木棍垂直插入泥土中，或者垂直放置在地面上。

请在同一时刻测量木棍的影长和旗杆的影长。

得出数据后，请拿出你的本子和笔计算一下旗杆高度吧。公式：旗杆高度 = 旗杆影长 × 木棍高度 / 木棍影长。

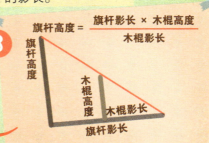

$$旗杆高度 = \frac{旗杆影长 \times 木棍高度}{木棍影长}$$

天底下没有哪一个天才，可以不学习知识就能上知天文下知地理。如果后天不学习，再聪明的神童也会变成普通人，就像中国古代的方仲永一样，虽然五岁便能写字作诗，但他后天没有继续学习新的知识，最后沦为一个资质平平的普通人。其实所谓的天才不过就是拥有比常人多一点的好奇心、多一点的持之以恒、多一点的付出罢了。如果你也想像泰勒斯一样取得这样大的成就，那就请抱着学海无涯的心态，朝着一个目标不懈奋斗。哦，对了，阅读我们的文章也可以让你学到更多知识哟！加油！期待你的传奇故事！

特立不独行的毕达哥拉斯

作者：苏琪

名人小档案

姓名：毕达哥拉斯
国籍：古希腊
生卒：约公元前580年—公元前500~490年
职业：哲学家、数学家、学派领袖
爱好：讲课
必杀技：跟我一起学数学
成就：看你想知道哪方面的——在数学上，他发现了毕达哥拉斯定理和黄金分割，提出了"万物皆数"；在思想理论上，他高度重视自律和教育；在音乐上，他提出了"五度相生律"等

如果你来到公元前的古希腊，正好碰见一群欢呼雀跃"磨刀霍霍向大牛"的人，他们嘴里还不停地往外蹦着数字，念念有词地感谢神明，千万别大惊小怪地以为自己撞上了"屠夫开会"，因为你很可能已经被一群数学家包围了。而他们的老师你应该也不陌生，他就是毕达哥拉斯。

他居然允许女生来听课

虽说在当时，古希腊文明已经高度发达，但社会上还是不可避免地存在着很严重的性别歧视。在毕达哥拉斯开班授课以前，从来没有女性在课堂上出现过。不过，毕达哥拉斯的女学生多出身名门，基本上都是贵族——如果你是来自社会底层的女孩，同样没办法进班学习。即便如此，他的做法还是具有划时代的意义——他认为，在受教育这件事情上男女平等，这个现在看来再普通不过的想法在那时可是令许多人瞠目结舌。没准儿，毕达哥拉斯就是古希腊首批"女权主义者"呢！

不关我的事，不是活的我就吃

毕达哥拉斯在数学研究方面成就突出，这让很多人觉得，他的这份聪明才智来自天赐，对他的崇敬之情有如滔滔江水，连绵不绝，见到他时恨不得对他三跪九叩，把自己所有的好东西都拿出来，双手捧着献给他。但毕达哥拉斯却没有因此收下那些好东西，原因很简单——他是位素食主义者——他只吃草，哦，不，吃素。

毕达哥拉斯认为，吃动物的肉食会污染自己的身体，为了让自己保持精神的高洁，他可不会随随便便因为肚子饿就"大开杀戒"。

这就奇怪了——为了庆祝解开数学题时他不是还嚷嚷着要杀牛祭天吗？难道那些肥美的牛肉都暴殄天物了？当然没有。它们中的一部分确实进了毕达哥拉斯的肚子。你听说过吃鱼肉和鸡肉的"素食主义者"吗？毕达哥拉斯就是这样坚持他的"素食主义"的——只要不是活的，那就都是素的。

哼，你们以貌取人

毕达哥拉斯对神秘的东方文化十分向往，所以他年轻时就外出游历，古印度和古埃及都留下了他求索的脚步。当他时隔多年再次回到故土时，人们没有被他非凡的学识征服，倒先被他的打扮吓了一跳——这个人穿的是啥？！留着一头不羁长发的毕达哥拉斯像个"摇滚青年"一般，云淡风轻地掸了掸自己花色繁复的东方长袍，微微一笑，一不留神就变身"街拍明星"了。只是他的"明星效应"还不足以让人们对他的数学理论产生兴趣，他在那时古希腊最繁华的地段开坛授课，居然门庭冷落，最终惨淡收场——或许是他的"奇装异服"让人根本不相信他会是个好老师吧。

这个社团很神秘

跟许多喜欢当"独行侠"的数学家不同,毕达哥拉斯很爱热闹。爱热闹到什么程度呢?他为此成立了一个小社团,自己当领导,这就是鼎鼎大名的毕达哥拉斯学派——其中的大多数人都是他的"铁杆粉丝"。也许你会说,这跟古代先贤收徒弟也没什么区别呀!那你可就太天真了!不说别的,就看下面这些规定,你都能遵守吗?

1. 禁食豆子。
2. 即使东西掉到地上,也不能用手把它捡起来。

3. 不能碰白色的公鸡。

4. 不能掰开面包。

5. 不能跨越横栏。

6. 不能用铁器拨火。

7. 不能一下子吃一整个面包。

8. 不能戴指环。

9. 不能坐在斛斗（测量斗）上。

10. 不能吃动物的心脏。

11. 不能在大路上行走。

12. 房里不许有燕子。

13. 把锅从火上拿下来的时候，要抹掉锅上的灰。

14. 不能在发光的东西旁边照镜子。

15. 脱下睡衣时，要把睡衣卷起，把留在身上的印迹整理平整。

据说这些管得比海还宽的规定就是毕达哥拉斯学派中的人必须遵守的"铁律",是不是相当严苛又难以理解?其中的很多内容其实很迷信。可即便如此,加入毕达哥拉斯学派还是当时许多人的毕生追求——他们觉得,这个神秘的社团很可能通过某种方式跟天神有着千丝万缕的关系。

毕达哥拉斯定下规矩,初入社团未满五年的新人,无论如何不能开口讲话,他把这五年称为"静默期"。在这段时间,他会向新人传授知识,但是要在一处昏暗的环境中,而且自己坐在纱幔后面,让人只闻其声,不见其形,仿佛他无处不在一样。此外,他还喜欢反复问学生们一个问题:数是什么?这么抽象的问题放到现在都没几个人能说明白,而毕达哥拉斯却能侃侃而谈:数可以脱离那些具体事物,完全按照自有的逻辑进行运算,可以说,数学就是打开世界神秘之门的钥匙,有了这把钥匙,就能改变世界,甚至探索宇宙。

如果说对数和数学的高度崇拜还不足以让毕达哥拉斯学派与众不同,那不得与外界分享学派中的"秘密"则使其蒙上了一层神秘而黑暗的面纱——据传,第一个得出无理数的希帕索斯就是因为其发现违背了毕达哥拉斯的"整数与整数成比例"的说法而被抛尸大海的。

化无形为有形

来自毕达哥拉斯的信

亲爱的来自未来的小朋友们:

你们或许都听过这样一句话:三角形是世界上最坚固的形状。那么,怎样将一段软绵绵的没有形状的绳子变成一个坚固得不能再坚固的直角三角形呢?我想,你需要知道一点儿毕达哥拉斯定理。

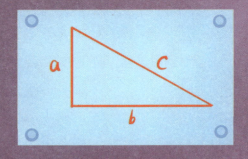

毕达哥拉斯定理揭示了直角三角形各边长之间的等式关系,即在任何一个直角三角形中,其斜边长度的平方一定等于另两边长度的平方之和($a^2+b^2=c^2$)。

准备材料

想把绳子拼成直角三角形,你需要准备一段绳子、一把剪刀、一把尺子、一支记号笔、一块木板、一堆钉子和一把小锤子。

普通版操作步骤:

1. 将绳子拉直,测量绳子的长度。
2. 把绳子均分为 12 等份。
3. 从中分别取 3 份、4 份、5 份的位置对绳子进行裁剪。
4. 以长度为 5 份的绳子为斜边,组成一个直角三角形。

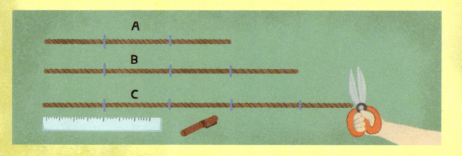

进阶版操作步骤（不用尺子）：

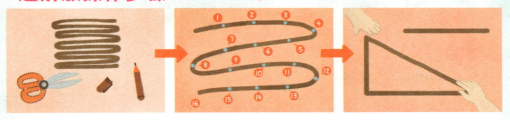

1. 将绳子对折四次，用记号笔把每个对折点标出。
2. 打开绳子，对折节点已经把它分成了 16 等份。
3. 剪掉多余的 4 等份，在剩下的 12 等份中分别取 3 份、4 份、5 份的位置对绳子进行裁剪。
4. 以长度为 5 份的绳子为斜边，组成一个直角三角形。

复古版操作步骤（你需要掌握一定的木工技巧才能操作）：

1. 在木板上尽量将绳子围成一个直角三角形的形状。
2. 在三角形的三条边上等间距分别钉 3 个、4 个、5 个钉子。
3. 裁减掉多余的绳子，你就能得到一个直角三角形了。

毕达哥拉斯小课堂：

相信你不难看出，在上面的操作步骤中，我们一直在跟"3、4、5"三个数字打交道。而这三个数字，恰恰是最常见的直角三角形边长数值。此外，毕达哥拉斯定理还有逆定理，即若三角形两条边的平方和等于第三边的平方，那么这个三角形就是直角三角形。

爱好和平的"科圣"——墨翟

在大多数人的印象中，提到科学家，想到的大概都是一群智商超群的理工男——戴着一副眼镜，严肃寡言，在实验室废寝忘食地搞科研。他们有些人生性孤僻，有些人兴趣古怪，对凡人俗事似乎一问三不知，但我们今天请来的这位科学家呀，却恰恰人缘好，又"爱管闲事"，说他是科学家，倒不如说他是个行侠仗义的游侠。嘘，你瞧，墨子和他的上百名"墨者"正穿越远处的黄沙，向我们缓缓走来呢。

名人小档案

姓名：墨子，名翟

生卒：公元前476年—公元前390年（春秋战国）

职业：春秋战国时期思想家、教育家、科学家、军事家、著名"军火商"……

爱好：机械　　**必杀技**：嘴遁术

成就：墨子对自然的理性认知比同时代古希腊中任何一个学派和任何一位科学家都更加超前，他提出了"力""圆""同长""杠杆"……的定义，探讨了光与影的关系，还进行了小孔成像的实验。除此之外，他动手能力极强，精通器械制造，创造了一大批改善人民生活的器具和无数先进强大的军事武器。一刻也不想歇息的墨子还创立了墨家学派，主张"兼爱非攻"，使墨家和儒家一同被称为当时的两大显学……

称呼："科圣""布衣之士"

"梦想还是要有的,万一实现了呢"

墨子的先祖是殷商王室,说起来还是个不小的贵族呢,可后来家族因故降为平民,所以纵使祖上风光无限,他出生时也是一介再普通不过的平民。《庄子·天下篇》曾这样说:"使后世之墨者,多以裘褐为衣,以跂蹻为服。"简而言之:墨子过得似乎挺苦。

他在少年时代做过牧童,学过木工,由于墨子不仅勤于动手,还善于思考,他的木工技艺精湛无比。这也使他成为一名高明的机械制造家,为他后来的社会活动奠定了良好的基础。

咳咳,言归正传,虽说墨子的童年过得着实"接地气"了点,但这并不影响他渴望拯救众生的崇高理想。反而,在目睹了底层劳动人民的艰辛之后,墨子更加坚定地背上行囊,立志道:"我要出去拜访天下名师!游历四方,等着吧,我一定能恢复先祖昔日的荣光!"

和平捍卫者

作为科研工作者中的清流,墨子不仅不避世,反而各处讲学,就算自己精通大量的兵器和工程建筑的制造技术,仍旧主张兼爱非攻的思想,这不,连自己的学派名称都注册好啦,就叫"墨学"。

随着一大批迷弟迷妹们蜂拥而至,逐渐形成声势浩大的墨家学派。墨子作为墨家学派的创始人,依然怀着一颗仁爱之心,济贫扶弱,一次次救百姓于水火之中,不收取任何费用!

墨子也并不总把自己在搞机械方面的才能藏着掖着,如果有哪个国家不安分,想挑起与别国的争端,墨子便会前去劝架,顺便展示自己新创的守城器具,以此示警。至于此举效果如何,去问曾被吊打过的公输般便知啦。

科圣

墨子不但在哲学方面颇有造诣,同时还是那时的科学技术领头人。

作为中国历史上第一个从理性高度对待数学问题的科学家,他给出的一系列数学概念的命题和定义,都具有高度的抽象性和严密性。早在古希腊的数学热潮沸腾之前,他就提出了许多关于"倍""正方形""圆"等数学概念的定义。

不仅如此,在物理学方面,他认为"力,形之所以奋也",也就是说,力是使物体运动的原因。接着,墨子又给出了"动"与"止"的定义。他认为"动"是由于力推的缘故。更为重要的是,他提出"止,以久也。无久之不止,当牛非马,若矢过楹"的观点,意思是物体运动的停止来自阻力阻抗的作用,如果没有阻力的话,物体会永远运动下去。这样的观点,被认为是牛顿惯性定律的先驱,比同时代全世界的思想超前了1000多年!值得一提的是,墨子还对杠杆、斜面、重心、滚动摩擦等力学问题进行了一系列的研究。在光学史上,墨子可是第一个进行光学实验,并对几何光学进行系统研究的科学家呢。只可惜当时还没有诺贝尔奖的存在,不然的话,凭借他当时超前的自然认知水平,墨子一定会是全球热门人选之一!

这些对人类发展如此有价值的知识,可以说只是墨子或墨家科学宝库中的一部分。墨家在墨子的带领下成为当时的高新技术团体,墨子也被后世尊称为"科圣"。

为了纪念墨子在科技领域做出的贡献，2016年，我国发射的世界首颗量子科学实验卫星被命名为"墨子号"。看来对地球事物的研究已经满足不了墨大神了，人们便把他送上更为广阔的外太空啦。

提供武器是有原则的！

墨子是平民出身，小时候过得很是辛苦，创立墨家学派后又主张节用，平日多穿粗布麻衣。这不禁让人萌生了一种对草根英雄的同情，殊不知呀，人家墨子压根不缺钱。

由于他在物理学、数学、机械制造方面的才能，打造出的器具已经渐渐不再局限于日常生活用品。他将墨家弟子培训成为技术精湛的技术人员，让大伙搞建筑，造守城武器。他们生产的连弩车、转射机、藉车，是战国时期火力最强大、最抢手的重型武器。

说墨子有经商头脑，大概还不太恰当，这妥妥地是成立了一个"跨国集团"啊！不过，你可别把他们和那些非人道的奸商联系在一起，这群"军火制造商"办事有着自己的原则——墨家的武器，从来只卖给防守的一方，绝不卖给侵略者。现在很多人只知道墨家主张兼爱、非攻，却不知道其实他们最仗义，那时，一旦碰到弱国遭难，他们就会立刻前去救助，赴汤蹈火、在所不辞。

梁启超先生曾说:"假使今日中国有墨子,则中国可救也。"墨子是个科学家,也是民众心中的"天使"。他的与众不同在于,在潜心搞科研的同时还心系天下苍生,不将自己的理想抱负局限于学术领域。墨子一生利用自己所学的知识奔走在各国之间,尽最大的努力维护和平,常常连生死都置之度外。处在当时科技水平最顶峰的他,无意追求名利,反对享乐主义,兼爱天下百姓,一生的追求就是和平。他所创立的墨家学派和珍贵的发明创造,永远留在了世人的心中。

如今战火纷飞,人民处于水深火热之中,我又怎敢抢在他们前面去享福啊。

趣味实验

小孔成像

墨子通过这个实验明确指出,光是直线传播的,物体通过小孔所形成的像是倒像。这是因为光是沿直线传播的,光线经过物体再穿过小孔时,物体上部成像于下,物体下部成像于上,故所成的像为倒像。

准备材料

毛玻璃、胶水、剪刀、隔板(打好小孔)、蜡烛。

这虽然是墨子颇为有名的一项实验,但做起来其实并不困难,不信,小读者们自己试一试。

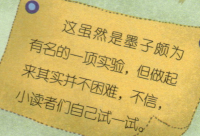

实验步骤：

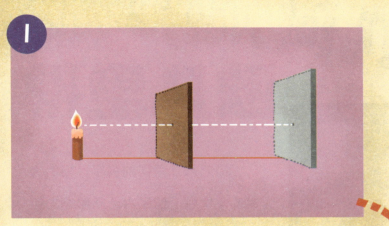

1. 依次放好蜡烛、隔板和毛玻璃屏。点燃蜡烛，调整蜡烛和屏的高度，使蜡烛的火焰、小孔和毛玻璃屏的中心大致在一条直线上。

2. 移动蜡烛或毛玻璃屏的位置，观察毛玻璃上的影像。

3. 可以看到，所成的像都是倒立的！并且蜡烛距小孔越远，得到的像越小；越近，得到的像越大。

有关光的论述

景，光之人煦若射。下者之人也高，高者之人也下。足敝下光……故景障内也。

人生几何，欧几里得

提起欧几里得的名字，相信大家都不陌生。他是古希腊影响力巨大的数学家之一，因为他开创了欧式几何，而被称为"几何之父"。如今，我们翻开小学、初中、高中，甚至大学的课本，都能找到由他推理或演绎的理论、定律或公式应用。

名人小档案

姓名：欧几里得　　**国籍**：古希腊
生卒：约公元前 330 年—公元前 275 年
职业：数学家　　**爱好**：几何
必杀技：欧式几何
成就：欧几里得的著作《几何原本》，是欧洲数学的基础，也是古希腊数学发展的巅峰。它的出现推动了几何学、数学和科学的发展，同时影响了西方人的整体思维方式

小小几何家

欧几里得出生于雅典，因受当地文化的熏陶，他从小就对几何表现出了非同一般的兴趣。小时候，他喜欢拿木棍在地上画各种图形，稍大一点了，他就跟着老师进行几何知识的系统研究。

十几岁的某一天,他跟着一群年轻人来到位于雅典城郊外有名的柏拉图学园,想要入园学习。走到门口,只见大门紧闭,门上挂了块牌子,上面写着"不懂几何者,不得入内"。

柏拉图学园

柏拉图学园又叫阿卡德穆学园,是由古希腊著名的哲学家柏拉图创办的。它是欧洲第一所综合性学校,传授哲学、政治、法律、人文科学等,许多有志青年都渴望来此深造。后来,学园因战乱而关闭,但它在欧洲文化史上的影响,是不可磨灭的。

这样的校规吓到了除欧几里得以外的所有人。众人纷纷停下了脚步,心想我们正是因为不懂几何才来学习的,要是都懂了还来做什么。正值大家摇摆不定的时候,只见欧几里得拨开众人,上前几步推开了大门,然后头也不回地走了进去。

没错,欧几里得就是那个最懂几何的人!

称霸几何界

几何学有着悠久的历史。最早的几何学诞生于古埃及，诞生之初，是用于测量土地。后来，几何学经由希腊人逐渐充实并提高，被广泛应用于测绘、建筑、天文和各种工艺制作等方面。

古埃及人的几何发展

古埃及的尼罗河每逢雨季便会洪水泛滥，将两岸的耕地淹没。等到洪水退后，各家各户的土地界限不再明显，需要重新划分。古埃及人就是在这样年复一年的土地测量中，积累了初步的平面几何知识。

古埃及的法老死后，需要动用大量的人力、物力来建造金字塔。在长年累月的建造活动中，人们掌握了精确的切割技术和堆砌技术，推动了立体几何的发展。

表面上，几何学取得了很大的进步，但其实在这些冗杂的几何知识中，存在一个明显的缺点，那就是缺乏系统性。随着社会经济的发展，把这些几何学知识加以条理化和系统化，使其公理与公理、证明与证明之间的联系性加强，已是刻不容缓、大势所趋。

欧几里得决定要在自己的有生之年，将各种几何知识进行整理和排列，把以前不严密的证明重新论证，以求建立较为严格的几何体系。为了完成自己的梦想，他离开雅典，去了当时古希腊的文化中心——亚历山大。在那儿，他一边收集数学手稿和专著，一边向当地的数学家请教，然后通过自己的理解，试着编写成书。

经过不懈的努力，欧几里得终于完成了他的传世之作——《几何原本》！

几何界的神作

  《几何原本》是一部集前人思想和欧几里得个人创造于一体的不朽之作。全书共分 13 卷，其中包括 5 条公理、5 条公设、119 个定义和 465 个命题。书中囊括了 400 多年的数学发展史，其内容安排由浅到深，由简到繁，堪称历史上最成功的教科书。直到现在，我们依然在数学课本里看到相当一部分定理或公式，是由欧几里得创作的。

  这本书的诞生，不仅成就了欧几里得，同时也提高了欧洲人学习几何的热情，其流传度在当时的欧洲仅次于《圣经》。

  如果你能回到那个年代，随便在街头巷角、饭馆茶楼，都会看到有那么几个人，手里拿着《几何原本》，互相质疑辨惑的场景。

随堂练习

下面有几道几何填空题,赶快调动起你们聪明的大脑,在括号里写下正确的答案吧!

1. 任何三角形的内角和都是(　　　)度。
2. 计算长方形的面积是用(　　　)乘(　　　)。
3. 两个完全一样的等腰三角形能组成一个(　　　)形。
4. 半圆的周长等于圆的周长的一半加圆的(　　　)。
5. 把圆柱的侧面切开,能得到一个(　　　)形。

学习几何无捷径可走

几何学在欧几里得的推动下,逐渐成为一门时髦的学科。当时的古希腊人为了赶上这一时髦,纷纷拿起了《几何原本》。在这样的流行趋势下,亚历山大国王托勒密一世也动了学习几何的心思。

为了能更简单地学会几何,他向欧几里得请教:"学习几何,有什么捷径没有?"欧几里得回答说:"没有,陛下!学习几何,每个人都得付出自己的努力才行,就像种庄稼一样,没有耕耘便不会有收获。在这一方面,您和老百姓是一样的。"

此事过后,拜欧几里得为师的人越来越多。其中有一名学生,他想要学的不是知识,而是财富,他曾这样问过欧几里得:"老师,学习几何会让我得到什么好处呢?"欧几里得笑了笑,没有说话,只命仆人取了一点钱给这位学生,然后请他离开。

"没有好处的。"他心说,学习几何是为了充实自己,而不是为了牟取利益。

了不得的传承

古希腊时期,人们将数学视为哲学的起点、学问的基础,大家学习数学的热情空前绝后。当时诞生了许多有名的数学家,像德谟克利特、柏拉图、毕达哥拉斯、阿基米德等。

有名的哲学家、数学家柏拉图曾开设柏拉图学园,该学园存在超900年,招收的徒子徒孙数以万计,其中就包括欧几里得。欧几里得在此研习数年,青出于蓝而胜于蓝,在几何学上的成就大大地超过了柏拉图。后来,欧几里得的两名学生——埃拉托塞和卡农,收了一名11岁的孩童为徒。这名孩童的名字叫作阿基米德,一个为世人所熟知、被称作"力学之父"的数学巨匠。这位巨匠并不低调,曾放出豪言:"给我一个支点,我就能撬起整个地球!"

用"名师出高徒"来形容柏拉图、欧几里得和阿基米德之间的师徒效应,想必再恰当不过了。

想撬动地球的人
——阿基米德

今天要介绍的这位科学家来头可不小,他是古希腊的著名哲学家,行走的百科全书,数学、物理、机械发明样样精通的鬼才,是学术界人人敬仰的大师,是偶像的偶像。那句家喻户晓的名言:"给我一个支点,我就能撬起整个地球",就出自他的口中。相信说到这儿,你已经能将他的名字脱口而出了,对,他就是——阿基米德。

名人小档案

姓名:阿基米德　　　　**国籍**:古希腊
生卒:公元前287年—公元前212年
故乡:希腊叙拉古
职业:数学家、物理学家、天文学家、力学家、哲学家
爱好:研究　　　　　　**必杀技**:撬地球
成就:阿基米德勤奋好学,热爱祖国。他在流体力学方面有很高的造诣,被人们称为"力学之父"。在数学方面,求证抛物线弓形、螺线、圆形的面积以及椭圆体等复杂几何体的表面积和体积是他的拿手绝活。阿基米德还酷爱做手工——投石器、杠杆、滑轮、螺旋扬水器都是他的杰作。

"别人家的孩子"

阿基米德出生于西西里岛叙拉古的贵族家庭,据说他的某个叔叔或大伯是叙拉古的王。从小品学兼优、万众瞩目的阿基米德,是其他父母口中的"别人家的孩子"。

"你看看阿基米德,他们家是贵族,他还是这么努力,你能不能有他一半上进!"

"你看看阿基米德,多么完美地继承了他爸爸的天文学与数学天赋啊,你怎么就没遗传到我的优点呢!"

"你看看阿基米德,今年10岁就被保送到埃及的亚历山大城去念书,别人家的孩子怎么就这么争气呢?"

阿基米德在埃及求学时也是出类拔萃的。他看到尼罗河旁有许多农民正在费劲地打水,阿基米德想替他们做点有意义的事,于是他夜以继日地进行研究,最后发明了螺旋扬水器,让农民们省了不少力。后来,这项发明居然还在埃及被广泛应用,直到今日它依旧具有一定的借鉴价值。

"给我一个支点,我能撬起整个地球"这句话确实出自阿基米德的口中,虽然这句话夸张了一些,但是我们的阿基米德却绝对不是一个爱吹牛的人。他在力学方面的研究可是相当深入的,他发明的投石器就是根据杠杆原理制作而成的,可以将石头砸向远方的敌军。还有那个起重机,据说可以把敌船吊到半空,然后将敌船重重摔向水面。

螺旋扬水器

螺旋扬水器是阿基米德的一个机械发明,它的外观呈圆筒状,一端装有一个可以呈圆形旋转的手柄,但是它的内部构造可就奥妙多了。手柄连接了圆筒内部的一根螺杆，这根螺杆上有很多像风扇一样的旋页，使用者每将手柄旋转一周，密封腔内的水就会被提上来一些。

其实螺旋扬水器不仅可以应用在农业方面，还可以将水从船舱中排出去。

现在的螺旋桨的前身就是这个螺旋扬水器哟，正在看书的你，是不是也要被阿基米德圈粉了呢？

神秘纵火术

阿基米德还拥有一项神秘的技能——"纵火术"。这听起来是不是特别神奇啊，其实这项"纵火术"背后的原理很简单，但是在阿基米德生活的那个时代，他的这个举措犹如魔法一般。关子卖到现在，阿基米德究竟是如何使用他的"纵火术"的呢？下面就来揭晓答案。

相传，古希腊那时正值战乱，士兵都出去打仗了，城中只留老弱妇孺，哪想，敌军居然乘机偷袭他们的大本营。当敌船已经开到离岸边 100 米左右时，援军还是没有来，城中的百姓急坏了："咋整啊？难道我们就要葬身于此了吗？"这时阿基米德看到了一个小女孩手中的铜镜正反射着一道强烈的光线，他一拍脑袋，有了一个大胆的想法。他号召全城的人拿出家里所有的镜子，并站到城墙上，用镜子一齐将太阳的光线反射到敌船上，让千万条反射的光线聚集为一点。没过多久敌船就开始着火了，犹如魔法一般！敌军还以为这是什么妖术，不敢继续前进，只好先退回了他们的老巢。

阿基米德没用火柴，也没踏出城门一步，就让敌船燃烧起来，不费一兵一卒，保护城中的百姓免受战乱之苦。其实"纵火术"的真相是镜子可以反光，当光线集中于一点时，温度升高，易燃物品自然容易被点着。

不过这个故事实在是太久远了，我们都没办法确定它是不是真的发生过。现在有人有了不同的看法，对故事的真实性提出了质疑——船是一直移动的，所以光线的交点难以固定在同一个点上；白色的帆布不那么吸热，并且会将大量的光线反射出去，热量不够，难以使帆布燃烧；海上有海风，风一吹，帆船"透心凉，心飞扬"，哪还有什么心情去着火。由此看来，或许阿基米德真的没做过这事！有可能是他的某位铁杆粉丝，为了给别人推荐他的偶像，而添油加醋，美化出来的故事吧。

阿基米德"C位"出道

要说起阿基米德一战成名、"C位"出道的事件，那一定就是他替国王分辨真假皇冠。叙拉古的国王用纯金和宝石打造了一顶皇冠，可是国王有被迫害妄想症，他担心做皇冠的匠人暗地里偷梁换柱，把他的24K纯金皇冠换成18K的，所以他便让阿基米德来替他验证一下皇冠的真假，看看这个匠人到底有没有在背后搞小动作。

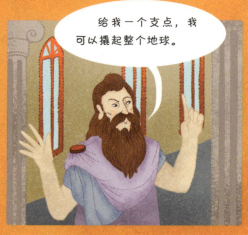

　　皇冠的的确确是和原先交给匠人时的一样重，但是皇冠已经做好了，不可能回炉重塑，再把它变成一个规则的几何体，想要知道里面有没有掺假，这确实是个难题。佛系的阿基米德一点也不着急，因为办法总会有的。有一次他洗澡时，澡盆里放满了水，可当阿基米德坐进去时，水都溢了出来，他瞬间就想到如何测算皇冠是不是纯金的。

　　阿基米德先假定这个皇冠是纯金的，他又找来另一个和皇冠一样重的纯金块，分别放入水中。如果皇冠是纯金的，那么它放入水中后，水所上升的高度应该和金块的一样，如果不一样，那么就可以肯定，皇冠里的金子掺了假。

　　这是因为每一个物体都有自己的一个属性，叫做密度。密度是什么呢？其实它非常好理解，1斤的棉花和1斤的铁，相比于铁，棉花的体积大一些；而如果棉花与铁都如拳头般大小，那么铁肯定比棉花重，这就是因为它们的密度不同。同样，一样的体积下，有杂质的金子和纯金的质量是不一样的，因为密度不同。如果纯金块和皇冠一样重，但皇冠不是纯金做的，它的体积势必就和纯金块的不一样。由于不能把皇冠熔化，所以只能将皇冠和纯金块放入水中，此时排出的水的体积就等于它们的体积。阿基米德就是利用了这个原理，如果皇冠没有被做手脚，那么它排出的水应该和那些纯金块排出的水一样多。

这下好了，皇冠和金块排出的水量不一样，谜题终于解开了。果不其然，这个黑心的匠人真的将纯金换成了含有杂质的金子，他也被打入地牢，永远不能被释放。

在这之后，国王非常崇拜阿基米德，也使他声名远播，就连罗马国都有阿基米德的支持者，各国纷纷争抢他，希望把阿基米德这样的人才挖到自己国家，为本国效力。但阿基米德是一个知恩图报、热爱祖国的人，他谁的面子也没给，还是老老实实地待在叙拉古，认真地开展自己的各项研究。

趣味实验

如何让鸡蛋浮起来

大家听说过死海吗?虽然名字里有"海",但它却是一个湖泊哟!死海的湖水密度远远大于一般湖水的密度,甚至大于一般海水的密度。因为湖水的含盐量特别高,所以人可以轻易地浮起来。今天我们要做的这个实验就是让鸡蛋在水中浮起来,让它替我们模拟一下,在死海里游泳是怎样的一种情况。

1 准备材料

1. 实验材料非常简单,在家里就可以做!首先我们要准备一个杯子、一袋盐、一根筷子(勺子),还有我们的实验嘉宾——鸡蛋。

2 2. 往杯子中倒入适量的水,再把适量的盐加入水中。

3

3. 然后用筷子搅拌,使盐充分溶解于水中。

4

4. 最后将鸡蛋放入水中,如果鸡蛋没有浮出水面,那么就将鸡蛋拿出来,继续向水中加入盐,直至鸡蛋能够浮出水面。

实验原理

鸡蛋能够浮出水面是因为它受到的浮力发生了变化。当杯子中的水是清水时，鸡蛋受到的重力大于浮力，所以它没办法上浮；当水中加入盐后，水的密度就变大了，就有足够的力气托起鸡蛋，这时鸡蛋受到的浮力比重力大，它自然就可以浮起来了。现在你也懂得了阿基米德发现的浮力的原理，为自己点个赞吧！

阿基米德之死

阿基米德的死亡也充满着浪漫的色彩。当时罗马军队攻进了城池，攻城之前，罗马军官对士兵们说："阿基米德要留活口，他是一个人才，或许可以为我国效力。"可是，那个时候连相机都没有，谁知道阿基米德长啥样呢？

危险将近，阿基米德还浑然不知，认认真真地在地上写写画画，做数学题。一个士兵手拿长剑，走到他身边。

阿基米德头也没抬，就说："不好意思，能否把您的脚挪开呢？我正在算一道数学题呢。"

秀才遇到兵，有理说不清。士兵二话不说将长剑刺入阿基米德的胸膛。

阿基米德最后写的那道题，是求证圆柱体和它内切球的关系，人们为了纪念他，将这一图形刻在他的墓碑上，或许阿基米德到了冥界，还能继续完成他的研究。

非全才，不学霸——沈括

中国历史上有位科学巨人，虽然名气并没那么大，但是确实是历史长河上不可以泯灭的一道光华。史学家对他的人品褒贬不一，可他的成就却是流传古今、无法忽略的。今天登台的科学明星，可谓是一个才子，要说他哪儿能干，那便是这儿也能干，那儿也能干，总之没有他不会的。数学、物理、地理、天文、医学、化学、生物、文学、音乐就没有他不擅长的，是一个全才型的科学巨人，他就是沈括。

名人小档案

姓名： 沈括
籍贯： 浙江杭州钱塘县
外号： 梦溪丈人
生卒： 1031—1095年（北宋）
身份： 政治家、科学家
爱好： 旅游、绘画等
必杀技： "笔谈"在手，天下我有！
成就： 沈括是一个多才多艺的才子，是北宋著名的科学家。他的成就有很多，比如修建水利工程、命名石油、绘制地图、改进浑仪、修订历法等，他对中国科学发展的贡献是巨大的，他是中国版的"达·芬奇"，李约瑟还称他为中国科学史上的坐标。

勤奋好学的沈括

沈括出生在杭州，家里比较富足，从小最爱做的事情就是看书，他兴趣爱好广泛，各种门类的书籍都看得津津有味。

但是沈括身体不好，三天一感冒，五天一发烧，即便如此，也没有什么可以阻止他学习的脚步，对于学习可谓是到了走火入魔的程度。所有科目中没有他不精通的，尤其是物理、生物，都是他的王牌领域。

在那个没有手机的时代，他的休闲活动就只有爬爬山、划划船什么的。但就算在休闲娱乐中，沈括也是一直在思考的。读到"人间四月芳菲尽，山寺桃花始盛开"这句诗，沈括就迷惑了，为什么人间四月百花都开完了，山上的桃花却才刚刚开放呢？实践出真知，有一次正值四月，恰好沈括登高赏花，发现果真如白居易的诗中所言，山上的桃花开得正艳。山顶寒冷，沈括不由得打了个哆嗦，突然就想明白了这个道理，山上和山下的温度不一样，山顶温度要比山脚的温度低，所以桃花才会开得晚一些。

三十二岁时，沈括考中了进士，这个进士相当于现在的高考全国前几名，也是一个顶级学霸了。但这也不稀奇，因为他爸爸和他伯伯都是进士，他爷爷还曾任大理寺丞。这么优秀的家世背景，使他受到良好的教育。沈括还是出色的外交家，皇帝曾请他担任使者出使辽国。但人生总是起起落落，当初的天之骄子,在五十一岁时被贬随州,而后又搬迁到润州,从此沈括就在梦溪园生活,不问世事,并写下《梦溪笔谈》。

人类,它叫石油!

沈括一生为官,四处漂泊,但从未放弃过科学研究。沈括在陕西延州当官时,发现了当地有神秘之物——脂水,说是水,其实是油,而且还是来自石头里、地底下的油。没错,这就是石油!石油这个名词就是由沈括提出来的,沈括当时就觉得"脂水"这个名字不妥,既然这种液体来自石头之间,呈油状,那就给它改名为石油吧!

沈括还不走寻常路，要知道当时石油一般都单纯做燃料，居民用它来生火。沈括却预言说，石油在未来一定大有用途！如今看来，真是一点也没错。沈括相信石油是人类的宝藏，它还能如何利用呢？于是沈括用石油燃烧产生的烟，制成了一种叫作"延川石液"的墨，这种墨不仅质量好，而且不常见，所以当时人们争相购买、使用。就连沈括写的《梦溪笔谈》都是用这种墨写的，在中国历史上，他是当之无愧的石油代言人。

石油的用途

石油被称作"工业血液"，是一种深褐色、比较黏稠的液体。石油的用途非常广泛，它不仅是炼制燃油、汽油的原料，还是生产塑料、化肥等的原料。是不是让你大开眼界呢？

众所周知，中东地区的石油资源尤其丰富，号称"世界油库"，其原油储量占全世界的2/3。这么多石油资源，难怪人们说中东地区的人都是土豪。但是石油资源是一种不可再生的能源，意思就是说，石油资源用完就不会再有了，不像太阳能，取之不尽，用之不竭。人们认识到这一点后，尤其珍视和爱惜石油资源，现在很多汽车也改用新能源作为动力，不仅仅是为了保护环境，也是为了节约石油资源。

《梦溪笔谈》

沈括虽然生在仕宦家庭，但是却没有一点少爷架子，反而他非常喜欢市井生活，看茶馆大爷说书，听街上此起彼伏的吆喝声，在山野间寻找山林之乐。沈括为平民百姓发声：器械制作啥的，谁说只有圣人才有份？平民百姓也出了力啊！

沈括晚年在梦溪园中将他一生所见所闻及研究心得都写在《梦溪笔谈》里，天文、地理、数学、化学、生物、军事、音乐、医药等无不涉及，也许正是因为这本书如此的接地气，当时受到了百姓们的欢迎。南宋时期，官府没钱了，就刊印这本书，因为这本书十分畅销，获得的利润可以补贴财政，所以你看，用我们今天的话来说，《梦溪笔谈》就是一本爆火的畅销书。甚至在900年后，《梦溪笔谈》的热度与流量仍然不减，就连朱熹、李时珍都是这本书的忠实读者。

如今《梦溪笔谈》仍旧是一本非常重要的历史文献。比如活字印刷术的发明人——毕昇可真要好好谢谢沈括，如果不是沈括在书中提到是他发明了活字印刷术，那么我们这些后人可能永远都不知道这项发明的主人是谁，也不知道活字印刷术的发展历程。

技多不压身

沈括的才华是数一数二的，中国历史上很少有这样全能的天才了，连正史上对他的评价都是"无所不能"。在他短短的六十五年人生中，居然能够精通这么多门学科，可见他的勤奋好学、刻苦钻研。

沈括做了一个实验，就是凹面镜成像实验。他把手指放在凹面镜前，然后前后移动，他发现当手指移动到焦点这个位置时，手指所成的像就不见了；而在焦点外，手指的成像全是倒着的，这一发现比欧洲早了四百多年。

沈括对地理也是相当感兴趣的。他到太行山去游玩、考察，发现这里居然有许多海螺、海蚌等生物化石，可是这么高的山上怎么可能有海洋生物呢？唯一的解释就是太行山这片地域曾经被大水覆盖。并且沈括也特别痴迷于古生物化石，当时的人们思想很局限，对化石有着一种迷信思想，沈括却不信这一套，他通过观察指出，这些化石是因为长时间的地质作用而形成的，他的思想，又一次走在了世界的前列。

　　沈括地图画得特别好。绘制地图可不是一件简单的事，首先必须要对这个地方非常熟悉，还要通过精密的计算，确定地图的比例尺、标记地名。到了 21 世纪，绘制地图已经算不上一件非常困难的事，可是在没有人造卫星的宋朝，绘制地图显然十分困难并且耗时。但是这么困难的一件事，经过 12 年，也让沈括做成了，这个地图就叫作《天下州县图》。沈括甚至还想到做立体地图，脑洞之大，无人能及。

　　由于沈括从小体弱，所以搜集药方也成了他必做的事情之一。有些医学著作中存在错误，比如药物和它的功效不统一，沈括就将这繁杂的纠正工作揽了下来，收录进《良方》《灵苑方》中。

　　作为全才，琴棋书画怎么能不懂呢。沈括不仅能写曲还对音乐发展历史很有研究，比如研究燕乐的起源，还有唐宋音乐的演奏形式。书画上，他眼光也很挑剔，甚至他还将自己对许多画家的评价写入诗中，既体现了他优秀的艺术细胞还秀了一把文笔，一举两得。

3

摩擦完毕之后，接着，我们拿住针的中部，将它的另一端与磁石的南极（S）相互摩擦，注意事项与前一步骤相同！

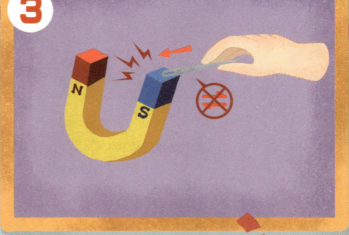

4

将纸拿出来，剪成圆形，如图标上N、S。注意，刚刚小针摩擦过北极的一头对应纸片上的N，小针摩擦过南极的一头对应纸片上的S，然后将小针插入纸片中。

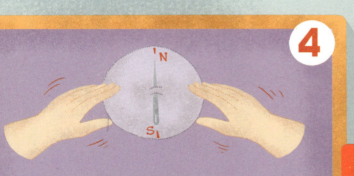

沈括的一生

1031年，沈括出生
1063年，沈括考中进士
1075年，沈括出使辽国
1080年，沈括出知延州
1095年，沈括染病去世

5

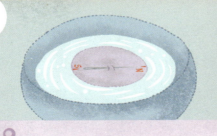

此时指南针已经做好了，最后一步便是让它工作起来！快把它放入装有水的碗中，水平放下，为的是保证纸片可以浮在水面上。你的小针有没有转动并指向南方呢？

奇迹"穿越侠"——达·芬奇

作者:其扬

名人小档案

姓名:列奥纳多·迪·皮耶罗·达·芬奇
国籍:意大利
生卒:1452年4月15日—1519年5月2日
职业:画家、发明家、医学家、军事工程师、建筑工程师
爱好:写了笔记不发表,专门惊吓后世人
必杀技:十项全能
成就:达·芬奇是西方历史上的一位伟大的人物,高富帅就算了,居然还是个全能天才。除了给后人留下了《蒙娜丽莎》《最后的晚餐》等世界名画,他还享有"近代生理解剖学始祖"的称号,在工程学、物理学、建筑学、天文学方面都有开创先河之举。恩格斯更是称他为"巨人中的巨人"。

展开你的想象力,假设人类成功地掌握了"时空穿梭"技术,使大家能够回到10年、20年以前,你是打算开一家走在时尚前沿的服装店,去买彩票?还是利用所学的知识,给当代人带去"前所未有"的高新技术?

什么?让我少看点科幻电影?嘿,你还别说,历史上可真存在这样一位神秘人物,他所研究的一系列先进构想,已经远远超出了当时人类普遍的理解范围,以至于被现代人冠以"未来使者"的奇妙称号。嘘,下面就让我好好请出咱们今天的"时空旅行者"——达·芬奇。

小链接

文艺复兴

文艺复兴是一场欧洲思想文化运动,发生在14~16世纪之间。当时的教会统治着人们的思想,禁锢着人们的精神,而随着生产力的慢慢发展,新兴资产阶级受到了教会的限制,于是人们开始挣脱枷锁,掀起了这场资产阶级反封建主义的文化运动。

它最初兴起于意大利,以人文主义为核心精神,强调人在社会中的作用,鼓励人们追求幸福,及时享乐,否定了教会推崇的以神为中心的思想。而西方的科学技术以及艺术文化,正是在这个时候如开挂一般,迸发出了惊人的创新力和生长力。达·芬奇作为文艺复兴时期最杰出的人物之一,为这场运动做出了极大的贡献。

不按常理出牌很重要

达·芬奇家世显赫,他在家庭中的地位比较卑微,但这并不影响他进行自己感兴趣的科学研究。这也意味着当时所有高等的职业——医生、律师什么的都没他的事儿,能正大光明从事的职业也就是画家、雕塑家这类。

由于年少时就展现出了绘画天赋,达·芬奇的父亲在他15岁时便将他送去学习这方面的艺术技巧。

俗话说得好:"每一位成功男人的背后,都有一位伟大的女人。"既

然是介绍达·芬奇，那么"丽莎"——某位来自佛罗伦萨的家庭主妇，可就不得不提啦。不过，她成就达·芬奇的方式既不是交流谈心，也不是洗衣做饭，而是简简单单地坐下来，请他给自己画了一幅画像。

哎呀呀，一不小心，"世界第一名画"、法国卢浮宫的镇馆之宝——《蒙娜丽莎》，就这样出自达·芬奇之手。而这幅画之所以享有世界美誉，除了咱们的"丽莎"颜值在线，关键在于达·芬奇的大胆尝试。

要知道，文艺复兴前，教会所强调的神权思想几乎控制了艺术界，然而达·芬奇"有才任性"，成为史上第一个把平民百姓搬上作品的画家。除此之外，他还开创了"空气透视法"。借助空气对视觉产生的阻隔作用，物体距离越远，形象就描绘得越模糊，突出特点是产生形的虚实变化、色调的深浅变化、形的繁简变化等艺术效果，让画作更贴近现实。

天啊，老师之前画好的天使竟然被那些嫉妒成性的师兄们刮掉了！

它是如此完美，看来我以后只能去拿雕刻刀了。

学术界的"非主流"

达·芬奇所处的时代人们的头脑被封建思想禁锢，认为是神创造了肉体。达·芬奇一听可不高兴了，作为15世纪的一股清流，他可不去阿谀奉承、讨好什么"造物者"。为了亲自弄清"人类这个物种究竟是怎么样的"，本着人文主义的信念，他开始了持续三十年的"离经叛道"之举——解剖。

什么？你叫他怪癖狂人？错，"近代生理解剖学始祖"这个名号可不是达·芬奇花金币买来的！他在三十年内前前后后解剖了三十具不同性别、不同年龄的人体（别担心，在达·芬奇动手前，他们就没有生命体征啦，不存在"科学怪人杀人事件"）。通过这奇怪的"爱好"，他成功发现肉体之下其实存在井井有条的组织系统，并且充分利用自己的绘画能力，为后人留下了大量的解剖手稿——与现代的CT图简直如出一辙！最不可思议的是，他好像生了一双透视眼，竟然画出了宝宝在妈妈肚子里的模样，就连小小的阑尾，都没逃过他的法眼。好了，不管他是什么变种人、穿越者，还是外星来客，达·芬奇成功打破了鬼神之说的禁锢，将科学和自由之光引入社会，为后来人们的思想解放打下了坚实基础。

手稿还是百科全书？

想必小读者们做数学题一定有打草稿的习惯吧，先把已经想到的步骤写下来，免得自己忘记。达·芬奇也不例外，但他的草稿可不会被堆积起来，作为什么"可回收废品"的。他长达1万多页的手稿（现存6000多页）至今仍在影响着科学研究，这叠珍贵的"草稿纸"更是被称为一部15世纪科学技术真正的百科全书。

当发明飞机的莱特兄弟的曾曾曾祖父还不知道在哪里玩泥巴的时候，

达·芬奇就开始执迷于研究各种飞行现象，他通过对鸟类飞行的详细研究，绘制并策划制作了数部飞行器。不仅如此，他甚至告诉了人们直升机的工作原理。

由于他对解剖学的痴迷，达·芬奇还在手稿中绘制了西方文明世界的第一款人形机器人：木头、金属、皮制品是它的皮肤，绳子的拉力使手臂活动，水力、风力是它的生命源泉。除了张开嘴巴、坐下、摆手这些简单动作，这个机器人甚至能张口说话！不仅如此，连现代医学也紧紧抱住了达·芬奇的大腿，人们以这份手稿为原型，设计了一款以达·芬奇命名的手术机器人，用于实施复杂的外科手术。

除此之外，达·芬奇还发明了机关枪、机械车、靠动物或人力拉动的坦克、降落伞、潜水套装、闹钟、自行车、照相机、温度计、烤肉机、纺织机、起重机、挖掘机……然而，可能是达·芬奇忙于创新的缘故，这些手稿最终被后人留存下来，成为世界级的文化保护遗产。

达·芬奇打盹法

达·芬奇是一位刻苦勤勉、惜时如金的人，连睡眠时间都毫不放过。他创造的"多阶段睡眠法"甚至被人们戏称为"达·芬奇睡眠法"。

达·芬奇每工作4个小时才睡15分钟。这样，一昼夜花在睡眠上的时间累计只有不足1.5小时！

名人轶事

达·芬奇是个左撇子,为了写字时不将刚写好的内容弄花,他的字都是从右向左书写的(据说他还能一手写字一手作画)。由于只有在镜子中才能清楚地看懂达·芬奇手稿的具体内容,该种书写方式被称为"镜像书法"。

不过,我劝大家还是收起跃跃欲试的心吧。专家指出:试图利用多次短暂的打盹来减少睡眠总量的做法,对身体非常不好!另外,根据一些亲历者的实验,甚至引用军方研究成果,最后证明"达·芬奇睡眠法"完全不可行。

由此看来,对于普通人来说,"达·芬奇睡眠法",或许应该改名为"达·芬奇打盹法"更为合适吧。

达·芬奇是智慧的象征,或许不是所有人都有能力像他一样脑洞大开,推进人类上百年的历史发展,但大家可以向他学习,养成从大自然中发现科学规律的习惯,从实践中获取知识,将求知的脚步迈出课堂,走向更广阔的天地。

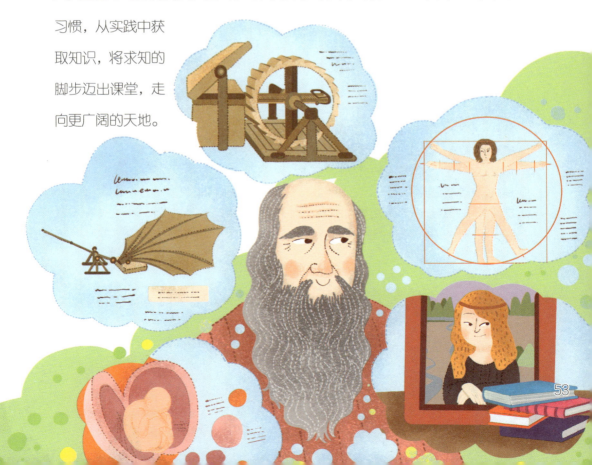

哥白尼 = 50% 的天文 + 50% 的上帝

我们都听说过一个叫作哥白尼的人,是西方近代科学的先驱,他提出了日心说,改变了人们对世界的看法,否定了教会的权威,然后,他就被愚昧的人们给烧死了。哥白尼若是听到后人这么没谱地杜撰他的生平,也许会气得活过来。如果你现在还是一脸疑惑,"什么?难道说错了吗?",那你真应该好好重新认识一下哥白尼。

名人小档案

姓名: 尼古拉·哥白尼　　**国籍:** 波兰
生卒: 1473 年 2 月 19 日—1543 年 5 月 24 日
职业: 数学家、天文学家、占卜师、医生、教士
爱好: 天文研究　　**必杀技:** 上帝视角之太阳中心说
成就: 哥白尼著有一部天文学的书籍——《天体运行论》

被烧死?人家明明很高寿啊!

哥白尼出生于 1473 年,死于 1543 年,不得不说在那个医疗水平低

下的时代,活了 70 岁的哥白尼算是高寿了。在某些故事中,我们总是听到哥白尼被教会烧死的谣言,教会表示不背这个锅。不过被烧死的确实另有其人,他就是哥白尼的支持者——布鲁诺。布鲁诺是个铮铮铁汉,为了捍卫自己偶像的"日心说",最终被教会烧死在罗马鲜花广场上。

而哥白尼所处的时代,教会不仅没有反对哥白尼的研究,还反过来支持他。因为那时的宗教内部已经出现了一些腐败现象,很多教士仗着信徒对教会的忠诚骗取钱财,借口则是天象有变,将有大难临头,需要拿钱消灾。为此,教会非常需要一个人引领人们重新认识世界,打破人们的迷信思想,而这个人出现了,他就是哥白尼。

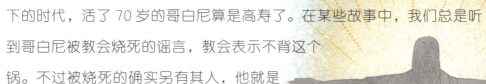

虔诚的教徒

哥白尼作为一名虔诚的教徒,表现出无私的奉献精神。哥白尼的舅舅是一位教士，他等外甥大学毕业后，便把自己的职务转交给了他。说起有关宗教的事情，哥白尼可是专业的，大学期间他就学习了宗教法学和医学，大学毕业后，他又四处求学，成了一名宗教法学博士。

教士的职责有很多，不仅需要传播宗教教义，就连自己所在地周边的一些家庭之事，也要进行管理、协调。比如哪家诞生了一个婴儿，哥白尼就要给这家的新生儿洗礼，欢迎他的到来；哪家的亲人去世，哥白尼就要去帮忙，帮助这家人处理亡故者的后事；若是村民有些什么病痛，哥白尼也会负责给他们看病……

16世纪的欧洲，科学并不先进，主要还是神学引导人们的生活和行为。哥白尼这位虔诚的教徒，只能利用平时闲暇的时间进行他的天文研究。他在自己的书中这样写道：如果真有一种科学能使人心灵高贵，并脱离时间的污秽，那一定是天文学。

那么虔诚的教徒哥白尼是如何探索天文，报答上帝赐予他的一切的呢？

哥白尼带你改天换地！

古时候的人们缺乏系统的计算方法和技术支持，总是不免认为地球就是宇宙的中心，太阳、月亮和星星是按照轨迹不断运动的，地球是不动的。可是总有些星星它时不时就跑偏，上帝如此杰出的造物主怎么会出现这样纰漏呢？不，一定是人类太无知。于是一位叫作托勒密的科学家跑了出来，提出了一个理论，解释了出现这样情况的原因。就这样人们与天象又平安无事地相处了1000多年。

到了哥白尼的时代,哥白尼认为这套理论过于复杂,正想着如何将它完善精简的时候,他猛然发现,自己根据理论算出的数据与平时观察到的现象并不一致,他便明白,这套理论出错了。身为一个科学研究者,最重要的工作态度就是严谨、负责,因此哥白尼并没有立刻发表自己的看法,而是利用自己一生的时间,建立和完善新理论。

直到哥白尼去世之后,他的著作才被自己的学生雷蒂库斯发表出来,只是后来,因为这本书启发了很多人,又经过了一些历史事件的发酵,教会的人发现情况不妙,于是便将哥白尼的书列为禁书,时间长达200多年。

八大行星

太阳系有"八大行星",分别是金星、水星、地球、火星、木星、土星、天王星、海王星。至于冥王星,因在2006年,人们将其列为矮行星。火星虽被称作是火星,但其表面温度很低,平均而言,大约为零下63摄氏度。水星虽然被称作水星,但是它上面没有一滴水(但水星的北极有冰川),水星表面温度极高,最高可达427摄氏度。同时水星是太阳系中温差最大的行星,夜晚温度约为零下184摄氏度。

哥白尼一生做好一件事

哥白尼出身于贵族家庭,家境比较优越,父亲去世后,他的舅舅便将他抚养长大,视如己出,还让他去读书。当时拉丁语十分流行,就像现在英语在世界的地位一样,如果你是个文化人就要给自己取个拉丁语名字!于是他便有了哥白尼这个拉丁语名字,其实他的本名并不是这个。

1491年,哥白尼在波兰的克拉科夫学院学习,第一次接触到了天文学。

五年后,他前往意大利学习法律和医学,1500年哥白尼观看到一场月全食。史学家推测,也许是这段求学时间的所见所闻,使哥白尼对天文研究产生了兴趣,他的日心说思想也是在这段时间开始萌芽。

1504年,哥白尼回到故乡波兰,接受了舅舅的神职,不久之后他还有了自己的天文观测台,简直就是人生赢家。这个时候望远镜还没有发明,哥白尼观测时就只能用自己的肉眼,可想而知,他的工作难度有多大,不过好在16世纪$PM_{2.5}$不严重,不然就算神仙也难完成天文发现啊!

1543年,哥白尼去世了,一辈子为基督教辛勤付出的他,一生未娶,只有一个学生——雷蒂库斯。正是在这位忠诚的学生的说服下,垂垂老矣的哥白尼才下定决心将《天体运行论》出版。这本书影响了一代又一代人,其中不乏世界名人,如开普勒、伽利略等。

趣味小实验

太阳系有多少颗行星想必大家都很清楚了,但是这些行星的排列方式你知道吗?下面我们一起来制作一个迷你太阳系模型吧!

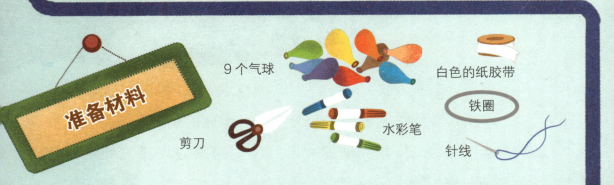

准备材料：9个气球、白色的纸胶带、剪刀、水彩笔、铁圈、针线

1. 我们先将铁圈拿出来，用纸胶带将其分为8等份，就像切蛋糕一样。然后在相对的纸胶带位置处缠上细绳。

2. 我们需要将气球吹成大小不同的形状。将地球的大小看作1，那么太阳是1300000，木星是1300，土星是745，天王星是65，海王星是58，地球是1，金星是0.86，火星是0.15，水星是0.056。

3. 在气球表面涂上混凝纸浆，纸胶带会和气球粘在一起，只需留出气球的打结处，拿起小针，将气球扎破，并将气球取出，这样你会得到一个空心的纸球。

4. 将纸球的空隙用混凝纸浆封住，然后拿出事先准备的水彩笔，将9个纸球涂上属于它们自己的颜色，让它们成为闪亮的小星球。

5. 拿起针线穿入纸球中，打一个结，这样小球就有了一个尾巴，然后将这根串着一个小星球的线，系在刚刚做好的铁圈的细绳上，在进行这个步骤时，小朋友可以邀请父母协助。

6. 重复刚刚的步骤，将剩下的八个星球都挂上。太阳系在中间，从内向外，依次以水星、金星、地球、火星、木星、土星、天王星、海王星的顺序排列，分别挂在铁圈里不同的细绳上吧！

7. 太阳系模型完成啦！

很久以前，弗莱明还没有偶然培育出青霉素，沃森和克里克没有发现 DNA，人类的身体构造仍有未解之谜。

那时的老百姓对医学还是一知半解，流个鼻血都觉得自己要去看急诊。不过，好在有这样一位"药圣"降临凡间，俨然成为人们的"百解忧"——这就是李时珍。

我不是"药圣"？
——李时珍

名人小档案

姓名： 李时珍

字号： 字东璧，晚年自号濒湖山人

籍贯： 湖北蕲春

生卒： 1518—1593 年（明朝）

职业： 闻名遐迩的江湖名医、明代"药学王子"、后世称其"药圣"、太医院院判……

爱好： 远足　　**必杀技：** 野草般的生存力

成就： 创立"东璧堂"；编写中国历史上最著名的医学著作——《本草纲目》，该书不仅是一部药物学著作，还是一部具有世界性影响的博物学著作

天无绝人之路

李时珍出生在一个医学世家,父亲李言闻是当地的名医,但那时的医生还不叫"白衣天使",再有名气的也属于"杂流",没有什么社会地位。

李时珍年幼时就很聪慧,喜欢读圣贤之书,14岁就中了秀才。家人由此对他寄予厚望,更是打算着让他一鼓作气考举人、中进士、点翰林!但"李秀才"并不是幸运儿,又经历了9年辛酸艰苦的考学之路后,他依然是个秀才。

经过这一番折腾,并不热衷于科举的李时珍,决心弃儒学医,钻研医学。就这样,23岁那年,李时珍和父亲学起了医,医名日盛。

当不了治国的良相,那咱就当个医民的良医吧!

传说小故事

传说李时珍出生那天,其父李言闻正在雨湖上打鱼。平常运气还不错的他,这一天却连下几网都一无所获,李言闻很沮丧。但最后一网拉起来时感觉沉甸甸的,他心中暗喜,以为是

条大鱼，没想到却是块大石头！

　　李言闻叹道："石头呀石头，我与你无冤无仇，今日为何捉弄我？叫我愁上加愁。"石头突然说话了："前来贺喜不用愁。先生娘子快落月，不知先生有何求？"原来这石头就是雨湖神！

　　李言闻急忙赶回家，正好赶上李时珍落地，于是给他起名叫"石珍"。当晚李言闻又做了一个梦，梦见仙人铁拐李前来道喜说："时珍时珍，百病能诊。做我高徒，传我名声。"

医名大显成为太医

　　别看李时珍才只是秀才，可行医却很有天赋。

　　传说有一次，李时珍在外出的路上碰见好多人正抬着棺材送葬，但他发现这个棺材一直在不断地往外渗血，便立马上前去查看，他发现棺材里流出来的不是瘀血，而是鲜血！于是李时珍赶紧拦住了人们的去路，说棺材里的人还能救活。经过一番劝说，在大家既惊恐又好奇的围观之下，主人终于答应开棺。李时珍先对棺材里的妇人进行了按摩，然后又在她的心窝扎了一针——原来她是由于难产而导致的假死，没过多久人就醒了。没多久，这名妇人就产下一个男孩。从那之后，人们都说李时珍用一根针救了两条人命，有让人起死回生的超能力！

　　虽然李时珍医术高明，但确实没啥商业头脑，令他生活拮据的并不是无人问津，相反是生意太好了……他给穷人看病不需要任何挂号费、治疗费，只收取一点草药钱。这不，看病的人越多，他就越穷。

　　眼看这亏本生意就要把家里做垮了，老天爷终于送来了一位了不得的金主！那就是大明帝国的高级病人，当朝天子——嘉靖皇帝。

办公室还是自习室？

受宠若惊一脸茫然的李时珍就这样被请入了太医院。照理说，这应该是李时珍人生中的巅峰时刻。当时已经被称作"神医"的他，只要不是肺结核、天花之类的"绝症"，基本上都能搞定。不过，嘉靖皇帝这位 VIP（重要人物）患者却让李时珍十分苦恼——你永远治不好一个没病找病的人。

其实嘉靖皇帝身体倍儿棒，吃嘛嘛香，活个七八十不成问题，但他偏偏深受仙侠小说的毒害——七八十怎么够？他要成仙！先活个两百岁再说吧！于是他开始日复一日地服用"金丹"——其实含有一些重金属成分。

李时珍傻眼了，要我治病没问题，但炼丹这种事情是不是该去找太上老君啊？劝阻无效以后，李时珍干脆不管了。没人找他看病，就一个人跑去办公室自习——阅读太医院所收藏的大量医书，结合自己的临床经验进行分析和思考。

就这样，李时珍把皇宫当成了他的进修学堂，开始专心搞研究，而嘉靖继续研发自己的药。不久之后，李时珍发现当时的中草药书籍存在很大的漏洞和疑问。一些人并不是因为本身的疾病，而是由于误用中草药而加重病情甚至不幸丧命。随着知识的积累，他看见了更加广阔的世界——原来还有许多疑难杂症有待解决、许多药材需要被发掘和记录。渐渐地，李时珍对于皇宫里这些满身"娇气病"的达官贵人失去了兴趣，一年之后，他收拾行囊成功从"皇家进修学府"毕业，回归基层。

由民间诊所走到太医院，从一介草民到名扬天下。在看遍了世间的荣华和疾苦后，决定回到最初的起点——35岁那一年，他返乡到湖北老家创立"东璧堂医馆"，回到天下苍生的怀抱，问心无愧地做回了自己的江湖郎中。

走出"舒适圈"!

如果你以为李医生这是回家养老,可就大错特错了。除了在东璧堂医馆行医外,他隔三岔五就出去收集药物标本和处方……

李时珍立志修订一本记载药物的权威性"教材",既能造福民众,又能减少医闹事故。但记录草药品种这件事,光查书可不行(更何况书里说的不一定对),必须实地考察。从那以后,他先后去了江西、江苏、安徽、河南……行程达两万余里,沿途观察和鉴别各种中草药,详细记下它们的外观、生长环境以及疗效。和传说中的神农氏一样,李时珍有时甚至需要亲自"品尝"许多草药。

总之,那段时间里无论是山间田野还是悬崖峭壁,凡是有药材的地方,就

有李时珍的身影。除此之外，他还学习各种民间药方，一路采药、一路考察，顺便行医救人，沿途遇到的渔人、樵夫、车夫、捕蛇人、农妇……都可以是他的老师。

有一次，他投宿了一个驿站，遇见几个替官府赶车的马夫围着一个小锅，正煮着连根带叶的野草。李时珍立马凑上前去一探究竟，发现这不过是南方常见的"旋花"，但马夫告诉李时珍："我们这些人常年在外，风里来雨里去，腰腿多半都落下了伤痛。喝点旋花汤，能治骨病呢。"李时珍立马掏出小本本记好：旋花——有"舒筋活血"之用。

大功告成！

从1552年开始，李时珍走过全国13个省份，阅"药"无数，参阅800多种中草药书籍，历时27年，终于完成了中国历史上最伟大的医学著作——《本草纲目》。这是李时珍的毕生心血，以论药材为主，纠正了许多前人的错误之处，1596年，也就是李时珍逝世后的第3年，《本草纲目》在金陵（今南京）正式刊行！

李时珍的一生，看过了穷困潦倒的平民、见过了位高权重的天子、睡过茅屋草席、享过锦衣玉食。作为医生，他救死扶伤悬壶济世。作为学者，他对自我的人生目标有清楚的认识，严谨认真、躬亲实践，广泛向劳动人民学习，几十年如一日，终于成为一代名医！

植物标本的制作

不知道读者们有没有被李时珍的执着和细心打动呢?让我们向他学习,动手制作一个植物标本,观察属于自己的小植物吧!

小实验

1. 选择一片你喜爱的树叶。

2. 用棉签或卫生纸细心清理叶片。

清理叶片时注意固定标本,不要因为动作过大而撕裂标本哦!

3. 拿出你最大最厚的那本书。

"玩转"地球的人——伽利略

作者：布丁

他能看到之前一千多年人们看不到的东西，同时纠正了那个时代人们的错误观点。如果没有他，我们甚至不知道自己生活在一个怎样的宇宙里。我们感激他，但和他生活在同一个时代的人却恨不得终身监禁他。

他就是："玩转"地球的人——伽利略。

名人小档案

姓名：伽利略·伽利雷　　**国籍**：意大利
生卒：1564年2月15日—1642年1月8日
职业：数学家、天文学家、物理学家　　**爱好**：观察、实验
必杀技：大观察之术！
成就：他证明了"地球是绕着太阳转的"，还拿着两个铁球登上比萨斜塔展示了自由落体运动，第一个使用望远镜观测天体并获得大量成果。最重要的，他是科学革命的先驱者，近代科学之父！

不想成为医生的"音乐家的儿子"

小时候写作文，如果你的梦想是成为科学家，老师和家长一定夸你有志气；如果你说想开个小店，可能会换来脑门上的一戳，外加一句"不争气"。但伽利略的父亲不一样，他可不想他的儿子成为什么数学家。在他看来，圆不能填饱肚子，三角形也换不回钱。

伽利略的父亲曾经是一名音乐家，听起来是个很浪漫的职业，可浪漫是填不饱肚子的。当知道伽利略疯狂地喜欢数学后，作为过来人的父亲开始了苦口婆心的劝说。他更希望伽利略成为一名医生，救死扶伤很伟大，挣的钱还多。

但命运自有它的安排,在比萨大学学医的伽利略依然偷偷地学习数学。最终,伽利略的坚持战胜了父亲的固执,父亲勉强同意他学习数学和科学。这是伽利略的胜利,也是整个科学界的伟大胜利。

能动手就别动口

你如果以为科学家天天都生活在鲜花和掌声中,那可就大错特错了。在伽利略那个时代,做科学家可不是一件容易的事。

那个时代并没有科学家这一说法,"真理"一直掌握在教会手中。教会的人崇拜亚里士多德,推崇的是自然哲学。这些人研究问题不是通过实验、记录数据、分析数据等途径,而是光凭脑袋空想,用逻辑关系进行推理。可伽利略偏偏是个喜欢动手实践的人,他坚持做实验,用事实来证明真理。

亚里士多德曾经说,物体下落的快慢是由物体本身的重量决定的,物体越重,下落得越快。伽利略并不轻信,他走上比萨斜塔,扔下大小不同的两个铁球,完成了著名的自由落体实验,同时也证明了物体下落的速度不是由重量决定的,也和它们的大小无关。

要是在现在伽利略做了这么一个实验,说不好都能获得诺贝尔奖了,可在当时,他的行为触犯了许多将亚里士多德奉为偶像的教授、学者。他们警告伽利略:"你的问题太多了,你还是个孩子,应该听我们的话。"

虽然现在很多学者怀疑伽利略并没有亲自做这个实验,但无论如何,用实验来证明理论对错的思路是他提出来的,这是非常了不起的。

从一盏灯的摆动开始

牛顿被苹果砸中了头,伽利略却被天花板上的吊灯"勾去了魂"。

在比萨大学的时候,伽利略很喜欢去比萨城的大教堂,那里十分安静,便于思考问题。而这天,正在沉思中的他却被天花板上的吊灯吸引住了。吊灯被风吹动,像钟摆一样来回摆动。伽利略可不是担心吊灯掉下来会砸破脑袋,而是有了一个重大的发现。一开始,吊灯大幅度摆动,后来幅度逐渐变小。伽利略用数自己脉搏的方法来测定吊灯摆动的时间,他发现不管幅度大小,吊灯摆动一次所需的时间都是相同的。

伽利略兴奋极了,连忙跑回家进行更周密的实验。经过长时间的实验,伽利略发现:绳子越长,摆动得越慢,摆动一次所需的时间就越长;相反地,绳子越短,摆动得越快,摆动一次所需的时间就越短。

将目光投向宇宙

当时的人们并不相信伽利略的发现。而严厉的父亲听说他没有学习医学，而是成天做一些不相关的实验，认为自己为他交学费纯属浪费，便让他辍学回家做了一名店员。在家卖布的伽利略并没有放弃学习，他觉得做实验比做买卖挣钱有意思得多。两年后，在朋友的帮助下，伽利略回到比萨大学担任数学教授，从此开始了他坎坷的科研生涯。

如果说之前的实验只是为伽利略带来了一些小麻烦，那么接下来他的发现却动摇了整个世界，也直接影响了他的命运。

1609年，伽利略自己设计、制作了人类历史上第一台天文望远镜，将目光投向了神秘的宇宙。通过这台望远镜，伽利略有了一系列重大发现：月球表面并不像亚里士多德说的那样平滑，而是凹凸起伏的；银河也并非人们所说的是银白色云彩，而是由千千万万颗星星组成的；太阳有黑子；土星有光环；木星周围有四颗卫星，围绕着它不停旋转。

有一天晚上，伽利略把望远镜对准了金星。而正是这一看，改变了整个人类的历史。伽利略发现，金星是会改变形状的，有时是圆的，有时如月牙。这下伽利略可有了实打实的证据，金星有时候在太阳前面，有时候在太阳后面，这不正是绕着太阳在转吗？

至此，哥白尼的"日心说"有了确切的事实依据，占据统治地位一千多年的"地心说"理论被动摇了。

知识卡片

地心说：认为地球处于宇宙中心，是静止不动的。从地球向外依次有月球、水星、金星、太阳、火星、木星和土星，它们在各自的轨道上绕地球运转。

日心说：也称为地动说，是和地心说相对立的学说。它认为地球是球形的，是一直在运动的，而太阳是不动的，是整个宇宙的中心。

不好了，教会被动摇了。

……

难道发生地震了吗？没有啊，柱子很结实。

不是，是伽利略挑战了神的话语权。

我们几百年来都安然无恙，凭他就能动摇？

伽利略比地震还厉害，他证明了日心说。

马上把这个人给我抓起来。

退让并不意味着认输

地心说是古代教会信仰的学说,认为地球是宇宙的中心,是静止不动的。伽利略的发现动摇了教会的根基,这让教会人员十分震怒。他们一次次地将伽利略押上宗教法庭审判,试图让他屈服认罪。当时的伽利略受尽了肉体和精神上的折磨,甚至被迫跪地发誓自己完全是胡言乱语。即便这样,刚刚起身的伽利略还是固执地说:"不管怎么说,地球确实在转动呀!"1633年,罗马教廷圣职部判处伽利略终身监禁,后改为软禁,直至他去世。

直到1992年10月31日,罗马教会终于为伽利略平反。这位含冤将近360年的科学伟人,终于迎来了最终的胜利。

这就是伽利略,为发现真理和宣扬真理,他用生命进行战斗。他坚持一切用事实来说话,认为行动永远比嘴巴可靠。

投向宇宙的眼睛

来自伽利略的信

亲爱的来自未来的小朋友们:

科学是需要事实作为依据的,一切重大发现都离不开可靠的实验仪器。今天,我想把制作望远镜的方法教给你们。希望你们通过仔细观察,能获得比我的发现更为伟大的真理。

伽利略

宇宙离我们很遥远,但一架望远镜就能将它拉近到我们眼前,是不是很神奇呢?下面,我们就一起制作一架天文望远镜吧!

你需要准备：一片大直径凸透镜、一片小直径凹透镜、两个大小不同的纸筒（直径分别对应凸、凹透镜）、厚纸板、胶带、黑色卡纸、美工刀。

制作步骤：

1. 在两个纸筒外包上黑色卡纸。两个纸筒一大一小，大纸筒可以套在小纸筒外面，不然会影响使用体验。

2. 在厚纸板上按大、小纸筒底面的大小分别裁剪出一个圆，并且在圆纸片上抠出一个中心小圆，中心小圆的直径必须和凹透镜/凸透镜一样大。

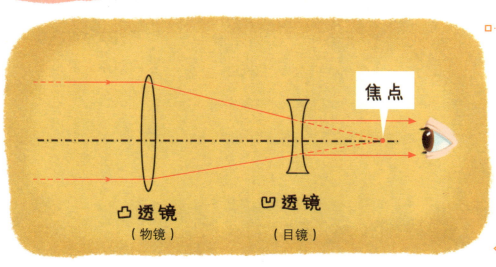

凸透镜（物镜） 凹透镜（目镜） 焦点

伽利略小课堂：

　　如左图所示，实体箭头发出的光线经过物镜折射后会聚在目镜的后方焦点上，会形成一个倒立的虚像，再经目镜折射作用后，形成一个放大几倍的正立虚像，这就是望远镜的原理。

　　至于放大率，其实很好计算。物镜焦距÷目镜焦距＝该望远镜的放大率。想要制作出你理想中的放大倍数的望远镜，只要选择合适焦距的镜片就可以啦！

名人小档案

姓名：约翰尼斯·开普勒
生卒：1571年12月27日—1630年11月15日
职业：天文学家、物理学家、数学家
爱好："吹捧"哥白尼
必杀技：天马行空之术
成就：创立"开普勒三大定律",描述了行星的运动规律,被称作"天空立法者"。开普勒也是近代光学的奠基者,他研究了针孔成像,并从几何光学的角度加以解释

天空立法者
——开普勒

牛顿说过的一句话,小读者们一定不陌生吧?——"如果我比别人看得更远,那是因为我站在巨人的肩膀上。"其中一个"巨人"既不高也不壮,甚至还有点营养不良,他便是我们今天要介绍的科学家——约翰尼斯·开普勒。

地球是围绕太阳转的吗？

在几百年前，《流浪地球》还没上映、神舟五号飞船还没发射时，人类并不担心自己会被太阳引力吸走，因为没人知道地球是如何运动的。亚里士多德、托勒密等人认为太阳环绕地球运动，而哥白尼学派认为太阳才是"老大"，是地球在围绕着太阳运动。

作为哥白尼的超级粉丝，开普勒在大学里开始研究天文学，他对天文和数学有着浓厚的兴趣，后来回忆说："我非常喜欢教授经常提到的哥白尼，在与同学辩论时我总是坚持哥白尼的观点。"

1596年，开普勒在宇宙论方面发表了第一本重要的著作，即《宇宙的奥秘》。在其中他明确主张哥白尼的观点，同时也认为土星、木星、火星、地球、金星和水星的轨道分别在大小不等的6个球的球面上，6个球依次套切成正四面体、正六面体、正八面体、正十二面体和正二十面体，太阳居中心。

他把这本书分寄给了一些科学名人。丹麦天文学家第谷·布拉赫虽不同意书中的"日心说"，却十分佩服开普勒的数学知识和创造天赋。这位第谷·布

拉赫，可以说是历史上最后一位使用肉眼观察夜空的天文学家，也是世界上前所未有的仔细、准确的观察家，这使他后来成了开普勒研究过程中"数据库"一般的存在。第谷当时任神圣罗马帝国的皇室数学家，并于 1600 年邀请开普勒来到布拉格郊外的天文台，作为自己的助手。

从此，开普勒正式踏上了自己的"天空立法"之路。

守望星空

开普勒陪伴第谷的两年中，其实也没干什么特别的事，就是"看星星"。要知道，那时可没有像现在这样先进的科学技术——能把月球"脸上的痘坑"都拍得一清二楚。

不得不说，开普勒在这件事上很幸运。要知道，他的老师第谷在这之前已经整整观测了 30 年的星空——这为开普勒发现行星运动规律提供了大量的数据基础，要是他早出生个几十年，名垂青史的恐怕就另有其人啦。

现在，我们言归正传，当时不论是地心说还是日心说，都认为行星做匀速圆周运动。但开普勒发现，对火星的轨道来说，按照当时的理论（包括哥白尼的学说），都不能推算出同第谷的观测相吻合的结果，于是他放弃了火星做匀速圆周运动的观念，并试图用别的几何图形来解释，经过四年的苦思冥想，也就是到了 1609 年，他发现椭圆形完全符合要求！于是得出了"开普勒第一定律"：行星沿椭圆轨道绕太阳运行，太阳处于椭圆两焦点之一的位置。

之后，"开普勒第二定律"指出：太阳系中太阳和运动中的行星的连线在相等的时间内扫过的面积是相等的。行星在离太阳比较远时运行速度变慢，在离太阳比较近时运行速度变快。

"开普勒第三定律"则是，他发现两颗行星运行周期（T）和两者分别到太阳的距离（a）有关。各行星绕太阳运行的周期的平方和它们的椭圆轨道的半长轴的立方成正比，即 $\frac{a^3}{T^2}=k$ 。

不管你能不能看懂，要知道，从那堆积成山又毫无规律的数据中总结出这样的公式，是怎样烧脑的一个过程——这道计算题，开普勒整整做了10年。

在这一点上，他已经远远超越哥白尼了。

好啦，炫技时间结束，我们只需要记住，那长达14年的"立法之路"，为开普勒赢得了"天体力学发现者"的美名。

正是这三大定律（而不是那颗苹果），启发牛顿提出了大名鼎鼎的万有引力定律。

穷困的科学家

除了琢磨天体运动外，开普勒还有一个终生副业——占星师。第谷去世后，开普勒继任为皇帝的御用数学家，但他的俸禄只有第谷的一半，且常常拖欠。

迫于生计，他除搞科研以外，主要任务就是替皇帝和贵族占星算命。后来开普勒不但把"占星术"作为自己的副业，还研究"占星术"，编制大量的算命天宫图。

在开普勒的遗稿中保存了800多张占星图。1630年，开普勒在贫病交迫中寂然死去。

小链接

开普勒曾写过一本去月亮旅行的幻想小说。他甚至写到了许多20世纪航天员所遇到的问题，包括如何克服巨大的加速度对人体的影响，如何对付宇宙空间的低温、失重状态，以及在月球表面如何减速进行软着陆等。被认为是科幻小说的鼻祖。

立法者？探索者？反抗者！

开普勒的成就是伟大的，他也得到了当时无数人的尊敬和认可，但在那个年代搞天文学，不仅要有智慧，还得有胆量。

当时权力巨大的教会认为地球才是宇宙的中心，一批批像开普勒这样的"新教徒"不断遭受迫害，甚至为科学事业献身。开普勒虽然由于其在科学界的声誉而受到保护，但教会也没给过他什么好脸色，最后开普勒竟然是在讨薪水的路上突然发病而死去。

尽管探索真理的道路如此艰难，身心承受煎熬，但开普勒仍旧十年如一日，为了人类的进步不断努力。与其说开普勒是一位认真严谨的科学家，不如说他是一位敢于反抗的勇士。

世界上有创意和想法的聪明人或许不在少数，但我们更需要的是像开普勒这样客观公正、习惯用数据说话的实干家。当你对某件事情产生怀疑时，不要光凭着一点猜想就武断评判以为找到了真理，而应该努力去实践、测量、归纳……凭借十足的底气得出结论。

行星运动三大定律：
轨道定律
面积定律
周期定律

趣味实验

观察一个月中月亮的盈亏变化和出现的位置。

俗话说"月有阴晴圆缺",那么大家有没有观察过月亮的变化规律呢?你可别以为是让你夜观天象,占卜生死。月相可没那么玄乎,它是天文学中对从地球上看到的月球被太阳照明部分的称呼——也就是月亮的发光部分啦。

月球绕地球运动,使太阳、地球、月球三者的相对位置在1个月中有规律地变动。因为月球本身不发光,且不透明,所以月球可见发亮部分是反射太阳光的部分。

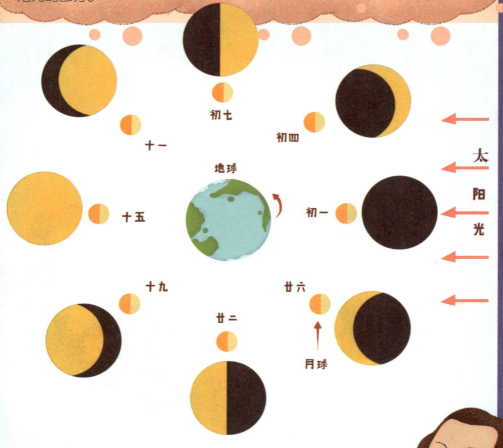

月球只有直接被太阳照射的部分才能反射太阳光,所以我们才会看到形状各异的月亮,这就是月相的来源。

小读者们还在等什么？赶紧开始观察夜空中的月亮，制作自己的月亮盈亏观察表吧！

星期	一	二	三	四	五	六	日
	1	2	3	4	5	6	7
	8	9	10	11	12	13	14
	15	16	17	18	19	20	21
	22	23	24	25	26	27	28
	29	30	31				

不知道空格里的月亮都长什么样子呢，大家快去补全吧！

威廉·哈维
带你解密心脏与血脉的奥秘

我们的生命力十分旺盛,每天可以做各种各样的活动,比如跑步、唱歌、学习等,可你在活动之余,有想过我们的生命之源是什么吗?剧烈活动后,我们总能感到心脏"扑通扑通"地跳个不停,那你知道心脏是如何工作的吗?当我们不小心摔倒时,血液会从伤口渗出,那么血液究竟是怎样在身体中流动的呢?对于这问题,很多科学家给出了不同答案,在先辈们探索的过程中,一个叫作威廉·哈维的生物学家,确立了血液循环理论,打开了人体奥秘之门。想知道他的故事吗?请容我细细道来。

名人小档案

姓名:威廉·哈维　　**生卒**:1578年4月1日—1657年6月3日
国籍:英国　　**职业**:医生、生理学家
爱好:救助贫困人群　　**必杀技**:心跳术
成就:哈维发现了血液循环的规律和心脏的功能,发表了《心血运动论》。他在胚胎学上也有一定建树,推动了胚胎学的发展

近代生理学之父

哈维出生于英国,从小成绩优异,15岁时就考入了剑桥大学,这种天才

不管放在哪个时代都是神童般的存在。上大学后,哈维了解到了生物学,并对其产生了浓厚的兴趣。当时剑桥大学的医学专业算不上最好的,所以哈维后来奔赴意大利,前往帕多瓦大学学习医学,24岁获得了医学博士学位。

学业是忙完了,该操心一下自己的婚姻了。哈维25岁时与一位美丽的姑娘结婚了,这位姑娘的父亲是女王的御用医生,有这样一个神医岳父,哈维自然能学习到更多关于生理及医疗方面的知识。1607年,也就是哈维29岁时,他有幸成为皇家医学院的一员,两年后便迅速地成为皇家医学院的医生。

哈维当医生没想过要赚钱,他所希望的只是百姓健康,他常说:"医生要为穷人做好事。"他在民众中越来越受欢迎,大家都很爱戴他。哈维不仅心地善良,医术也高超,在他的职业生涯中还担任过国王的特命医生。

1615年,哈维成了一名讲师。1616年,他在讲课中第一次提到了一些关于血液循环的理论,这份授课手稿至今仍收藏在大英博物馆中。

1649年,皇宫发生了政变,原先的国王被送上了断头台,好在哈维没有受到太大的影响,只是返回乡下。此时的哈维已经71岁了,虽困于痛风病的折磨,但他还是坚持从事生理学研究,他甚至还拿出自己的钱,匿名遣人建造了一座图书馆,专门为医学生和医学爱好者提供研究资料。

1657年,哈维的身体彻底垮了,得了中风的他不久便与世长辞,死前他将自己一生的研究成果和收集到的资料全部捐给了图书馆,造福后人。

心脏的探究

据记载，古希腊时期，人们就对心脏和血液有了一些看法。比如，亚里士多德认为，动脉内充满了从肺部吸进体内的空气。

后来，古罗马出现了一位医生，名叫盖仑。盖仑认为心脏里有一块隔膜，将心脏分成了两个部分，隔膜上有很多小孔，血液就通过这些小孔，从心脏的左边流到心脏的右边。他还认为，人体内，动脉和静脉流动的血液是两种不同的血液，它们做着直线式往返运动；而肝脏是人类的生命之源，血液以肝脏为中心，运送到身体的各个部位，随后被人体所吸收。人们一听，好像很有道理，于是他的"血液潮汐学说"在之后的一千多年中被人们奉为真理。

宗教对这个理论也十分满意，若是有人提出反对意见，都格杀勿论。比如一个叫作赛尔维特的青年，他认为人体只有一种血液，血液从右心室流到肺动脉，再经过肺部，从肺静脉流入左心房；他还指出，一定还有一些更细小的分支，将肺动脉和肺静脉相连（这分支就是我们现在所说的毛细血管）。可还没等到他进一步完善研究，塞尔维特就被当作异教徒给活活烧死了。对，就是和那位被烧死的日心说论者——布鲁诺的下场一样。

到了哈维这一代，哈维的老师是一位著名的解剖学家，他发现静脉血管里有瓣膜的存在，只是这位老师没有搞明白瓣膜究竟有何用处，可是他的发现却带给哈维很大的启发。

心脏解密者

起初哈维是盖仑的小粉丝，对他的理论很痴迷，可是哈维也是个搞科研的人，很快他就发现了理论与实际不相符合的地方，他注意到，心脏、肝脏、静脉和动脉之间是有很强的联系的，但是根据盖仑的理论，静脉与动脉两系统互不相关，这是怎么回事呢？于是他只好自己动手去证明孰是孰非。

第一，是哈维对于血液循环上的发现。哈维做了一个实验。一个人平均每分钟心脏大约跳动 72 次，心脏每次搏动的泵血量大概是 56.6 克，一个小时即 60 分钟，这就意味着一个小时将有大约 244500 克（244.5 千克）的血从心脏流出，很明显，这些血液量远远大过一个正常人的体重，所以人体内实际的血液肯定没有这么多。盖仑所说的血液在血管里来回做直线运动的观点肯定有误，只有血液循环往复这一说法，才解释得通。

第二，是哈维对心脏功能的发现。哈维在动物身上做实验，虽然有些残忍，但是这是对科学研究的献身啊！哈维找出动物的动脉血管，用镊子将其夹住，不让血液流淌过去，这时心脏很快膨胀起来。他又用镊子夹住静脉血管，结果原本饱满的心脏，一下子就瘪了下去，所以他得出，静脉血管里的血是流向心脏的，所以当自己夹住静脉血管时，导致没有血液流进心脏，心脏才会塌陷，当夹住动脉血管时，从心脏泵出的血液无处可去，在心脏内部积聚，心脏才会膨胀。

哈维还通过实验发现心脏内部存在着一个横着的瓣膜，这个瓣膜就像一个小窗户，它的作用不仅是把心脏分隔成上下两个部分，它还限制了心脏内的血液流动方向，那就是，血液不能从心脏下面的腔室，流入心脏上面的腔室，只能由上往下运动。由于这个瓣膜的存在，血液不能倒流，只能向动脉流出。

第三，是哈维对静脉与动脉的研究。经过大量的实验和推导，哈维指出，动脉与静脉中流动的血液是一样的，无论把哪一种血管割断，另一种血管内的血液一定会流光。之前提到过的静脉内的瓣膜，他猜测这瓣膜的作用应该是为了防止血液倒流。

哈维的发现无疑是对盖仑的血液潮汐学说的重大打击。这么多年，人们早已接受了盖仑的理念，很多医生也对盖仑的理念坚信不疑。加上当时宗教和社会上都不允许拿人体来做解剖实验，所以人们对人体生理功能上的知识掌握得太少。那个时候人们没有先进的机械设备，所有的理论只能通过观察和推测得出，哈维能够想到用实验和计算的方法，推测心脏和静脉与动脉之间的关系，实属难能可贵。

但哈维也不是神啊，他也没有研究出静脉与动脉之间更加密切的联系。直到后来显微镜的出现，人们才发现动脉与静脉之间还有一种叫作毛细血管的血管，将它们相互连接。

还好哈维德高望重，又深受国王的青睐，才没有被教会的人当成疯子，所以他的结局才不至于像他的前辈那样悲惨。

心脏

心脏是人体最重要的器官之一,心脏的工作就是为血液循环提供动力。心脏有四个腔,上面的两个空腔叫作房,下面的两个空腔叫作室,它们分别是左心房、左心室、右心房和右心室。心房和心室之间是连通的,它们之间有一个瓣膜,可以防止血液倒流。心脏工作,其实是左右两边一起开工的,心脏每跳动一次,就意味着心脏收缩和舒张了一次。心房收缩时,血液从心房向下流入心室;心室收缩时,其中的血液就会顺着连接心室的两个大血管,流至全身各处。

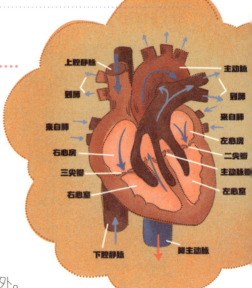

看看哈维的一生

1578 年,哈维出生。

1593 年,哈维就读于英国剑桥大学。

1602 年,哈维就读于意大利帕多瓦大学。

1603 年,哈维结婚。

1609 年,哈维成为皇家医学院的医生。

1618 年,哈维担任御医。

1640 年,英国资产阶级革命爆发,哈维流浪在外。

1649 年,哈维回到乡下。

1651 年,《心血运动论》出版。

1657 年,哈维去世。

让凡人颤抖的天才
——帕斯卡

作者：MO

在17世纪的欧洲，如果你说一句"我认识的×××真是个天才"，或者你大胆自吹"我就是天才"，那么路过你身边的人们一定会停下他们匆忙的脚步，认真地问你一个问题：

"你知道帕斯卡吗？"

有帕斯卡的时代，任何天才在他面前都会黯淡无光，要知道，他11岁就发现了声的振动原理，开始了科学探索。

名人小档案

姓名：布莱士·帕斯卡　　**国籍**：法国
生卒：1623年6月19日—1662年8月19日
职业：物理学家、数学家、文学家、发明家
爱好：写宗教著作　　**必杀技**："顺便"发明
成就：数学归纳法、帕斯卡定理
家谱：父亲：艾基纳·帕斯卡（数学狂热爱好者）
　　　　朋友：皮埃尔·德·费马（人称"业余数学家之王"，他在数学上的成就不比职业数学家差，他似乎对数论最有兴趣，亦对现代微积分的建立有所贡献）

爸爸吓坏了

老帕斯卡是个令人尊敬的数学家，如果说他原本对孩子们的期望是成为了不起的人物，那么在经历了妻子、女儿接二连三地去世的打击后，这位可怜的中年大叔对他的小帕斯卡就只有一个希望：好好活着。

老帕斯卡不知道的是，小帕斯卡身体里注定流淌着闪闪发光的血液。

11岁时，小帕斯卡因为对发声原理的好奇，便自己设计实验，琢磨出了声音和振动之间的关系。琢磨了好一阵子之后，他写出来一篇关于物体振动发出声音的论文。这篇文章如今就成为13岁左右的孩子首次接触物理的第一堂课。没错，那是11岁的帕斯卡写的。

12岁时，小帕斯卡蹲在墙角玩一个三根木条钉成的三角形，他拿着那几根木条左看看、右看看，突然就发现了一个开启全世界自带数学黑洞少年们噩梦之门的原理——三角形的内角和永远等于180度！没错，那时他12岁。

这已经不是"别人家的孩子"，是"神仙家的孩子"吧！可是老帕斯卡围观了这一切后，并没有欣喜若狂、载歌载舞。

老帕斯卡真正担心的是，孩子太聪明，一味沉迷于自然科学，会把基础知识落下。于是他宣布，禁止小帕斯卡在15岁前继续学习数学知识，而让他努力学习拉丁语和希腊文。

根本停不下来

老帕斯卡的禁令，暂时阻止了小帕斯卡对平凡人类的智商碾压。可是15岁一过，禁令一解除，小帕斯卡立刻就以光速"进化"了。

知道数学大家笛卡尔吗？多少少年被

他发明的解析几何与直角坐标系"虐"得死去活来啊，可是他却被16岁的小帕斯卡震惊到了。那一年，16岁的帕斯卡提出了"帕斯卡定理"（当然这是后人命名的），说的是：圆锥曲线的内接六边形，它的三条对边的交点共线。

你听不懂是吧？你听不懂没关系，但笛卡尔听懂了啊！他拿着帕斯卡的手稿，哆嗦了半天，说："这绝对不可能是一个16岁的孩子写的！"震惊归震惊，震惊之后，笛卡尔把帕斯卡的发现写成了一篇论文，名为《略论圆锥曲线》。朋友们，千万不要被这个"略"字骗了，它跟"简略""省略"没有关系！笛卡尔用帕斯卡的理论"略证"一下，就引出了400多条推论，每一条都跟你的中考高考有关系……

仅凭这一个理论，就够帕斯卡在世界数学史上熠熠生辉、名垂青史了。

17岁，帕斯卡去逛街，无意中听到一群科学家们在争论。他好奇跑过去听了一会儿，搞清楚了，原来他们在争论空气到底有没有重量，也就是大气压到底存不存在。帕斯卡觉得这简单啊，做个实验不就知道了吗？

那群白胡子的科学家们看着他，看了好一会儿，然后说："去去去，一边儿玩去。"

帕斯卡就听话地去玩了，带着水银仪器去山上玩。如果空气有重量，那么在越高的地方，大气压就会越低。按照这个简单的逻辑，当他爬上高山时，他的水银柱应该显示下降。果然，在1.6千米高处，水银柱约下降了7.6厘米。不论重复多少次，海拔越高气压就越低，这一现象有力地支持了帕斯卡关于大气压力的观点。

在这个实验还没做完的时候，帕斯卡还顺便发现了大气压和当地的气象有关，又顺便预言了可以用气压计来进行气象预报……

10岁 精通欧几里得几何，独立发现欧几里得的前32条定理，而且顺序也完全正确。

11岁 研究出振动与声音的关系，并写成了论文。

12岁 独立证明了"三角形的内角和等于180度"。

16岁 完成了数学水平很高的《论圆锥曲线》一文，让大数学家笛卡尔震惊不已。

17岁 进行了大量实验，证明了"随着高度降低，大气压强增大"的规律，轰动整个巴黎。

19岁 帮助父亲做税务计算工作时，帕斯卡发明了加法器，这是世界上最早的计算器。

22岁 在克莱蒙费朗的山顶上反复地进行了大气压的实验，为流体动力学和流体静力学的研究铺平了道路。

23岁 为了检验意大利物理学家伽利略和托里拆利的理论，制作了水银气压计。实验中为了改进托里拆利的气压计，他在帕斯卡定律的基础上发明了注射器，并创造了水压机。

24岁 详细测量同一地点的大气压变化情况，成为利用气压计进行天气预报的先驱。

28岁 开始总结他的实验成果，之后用时3年写成了《论液体平衡和空气重量》的论文。

33岁 开始创作《思想录》，直至他39岁去世。

文艺青年这边请

在震惊了数学界、物理界之后,帕斯卡开始冷静下来思考人生了,光思考不行啊,顺便写下来吧,反正闲着也是闲着。写下来了再顺便取个名字,顺便印刷出版一下吧,于是就有了《思想录》。

听上去是个平平无奇、很随便的书名对不对?可是"法兰西思想之王"、法国文坛泰斗伏尔泰看完之后,惊呼:"这,这可是法国第一部散文杰作啊!"

按照帕斯卡的人生设定,这一定不算完,一定还会有点什么动静。没错,当你逃过了初二的物理,逃过了初三的数学圆锥,万万没想到,到了高中,还有一篇语文课文叫《人是一根能思想的苇草》在等着你。没错,作者就是帕斯卡。

"人只不过是一根苇草,是自然界最脆弱的东西;但他是一根能思想的苇草。用不着整个宇宙都拿起武器来才能毁灭;一口气、一滴水就足以致他死命了。然而,纵使宇宙毁灭了他,人却仍然要比致他于死命的东西更高贵得多;因为他知道自己要死亡,以及宇宙对他所具有的优势,而宇宙对此却是一无所知。"

多么深邃的思想!帕斯卡理科、文科360°全面碾压,他的非凡成就足以让后人敬仰!

天才的"回归"

帕斯卡的天才之路终止在他39岁的那年。他自幼身体就不好,又因过度劳累而疾病缠身。然而在病休的1651～1654年,他仍然紧张地进行科学工作,写成了关于液体平衡、空气的重量和密度及《论算术三角形》等的多篇论文。

在 1662 年的 8 月,他放下了手中的笔,不再与折磨他的病痛纠缠不休,溘然长逝。

在他去世的 300 多年后,人们将他的肖像印到了 500 法郎的纸币上,与他同样出现过在 500 法郎纸币上的还有居里夫妇。

将近 500 年后,人们将数学、物理、气象、宗教、哲学诸多学说发展得更加广博、庞大,然而帕斯卡的名字始终在熠熠生辉的地方铭刻着。那位天才又回到了我们身边,他就在我们的课本上,在我们的朗读里,在我们随手画出来的一个三角形里。

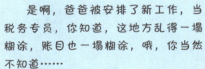

实验

测测大气压

大气压这个东西,听上去很神秘,看不见、摸不着,可是它无时无刻不在我们身边哟,而且你只需要一些简单的设备就可以用肉眼"捕捉"到它的存在!

你需要准备:一个比较深的餐盒、一个有刻度的试管、一瓶水,以及一辆随时可以走的车!

不不不,别被"车"吓到了,它并不一定要属于你,你只需要能够搭乘到就可以了。

准备好了吗?开始测验吧!

1 餐盒　2 试管　3 水　4 一辆车

"不务正业"的看门人——列文虎克

小读者们一定常被妈妈唠叨着"饭前洗手""别喝生水""勤剪指甲"吧，你伸出看似干干净净的双手，有时会嫌她大惊小怪。其实啊，我们生活的自然界中，在那些表面清澈的溪水里、光亮无瑕的桌面上，无不生活着形形色色的微生物——它们形态各异，有些长着五条腿，有些垂着修长的小尾巴，有些还拥有随意变身的本领，在它们庞大的家族之中呢，有的能帮助你消化食物、清理肠道；有的会导致人们染上风寒，甚至染上难以治愈的传染病……

今天我们要介绍的科学家呀，便是这座"小人国"的发现者。他会告诉大家，想要记录生活中的点滴，不仅需要一双"善于发现美的眼睛"，有时你还必须拥有一台显微镜！

名人小档案

姓名：安东尼·列文虎克　　**国籍**：荷兰
生卒：1632年10月24日—1723年8月26日
职业：政府保安、荷兰显微镜学家
爱好：磨镜片　　**必杀技**：微观世界
成就：发明显微镜，并第一个观察到微生物、描绘出人和动物的各类细胞的基本形态，开启了"微观世界"的大门
别称："磨镜狂人""最强看门人"……

少年历险记

列文虎克出生在荷兰代尔夫特市的一个酿酒工人家庭。母亲供他上学，期盼自己的儿子有朝一日能进入政府机关工作——将平房变作小洋楼。但列文虎克本人有自己的想法，他对做官提不起兴趣，16岁就外出谋生，在阿姆斯特丹一家布匹店当上了学徒。然而没过几年，漂泊困苦的生活终将他压垮，骨气咱要有，但饭总还是要吃的！列文虎克最终还是返回家乡，凭借着从前积累的学识和他不同凡响的个性，堂堂正正地踏入了代尔夫特市政府——成为一名大厅保安。

等等，怎么回事，这位大名鼎鼎的列文虎克，既没有出生于世家，也没有哪个学者为他指点迷津，前半生过得简直和科学没有一点关系呀。别急，大家没有走错片场，看门这个工作虽然工资低了点，但是很闲啊！每天只要按时开关门，定时敲敲钟。这不，今天列文虎克又空出时间来在街上闲逛。

"咦？对面那家眼镜店似乎挺有意思，让我进去瞅瞅。"

殊不知就在他走进眼镜店的那一刻，一个奇妙世界的大门，也被悄然推开了。

显微镜问世！

列文虎克在很早之前便听说，许多眼镜店除磨制镜片外，也磨制放大镜。这件可以把看不清的小东西放大的稀罕玩意儿，很容易就引起了他的兴趣。

可是，当他到眼镜店一问，价钱却贵得吓人，他这个小保安只好高兴而去，扫兴而归。

列文虎克从眼镜店出来，恰好看到在埋头苦干的放大镜磨镜师。但出乎意料的是磨制方法并不复杂，只是需要时间和耐心罢了。

而时间嘛，嘿嘿，他有的是。

从此以后，他再也不比旁人清闲了，不工作的时候就回到家中，一心要磨出一枚最佳的镜片——表面光滑无瑕，内部不含气泡。他除了懂荷兰文之外，对其他文字一窍不通。而一些科学方面的著作都以拉丁文为主，所以，列文虎克没法阅读这些参考资料，他只能自己摸索着。经过辛勤劳动，他终于制成了一块小小的透镜。但由于这镜片实在太小了，他就做了一个架子，把这块透镜镶在上边，后来，他又在透镜的下边装了一块铜板，上面钻了一个小孔，以使光线从这里射进而反照出所观察的东西来，放大能力相当强大——这就是列文虎克所制作的第一架显微镜。

震惊科坛的"草根"

终于有了自己的显微镜，列文虎克拿着这件"宝贝"十分兴奋地察看一切。他把手伸到显微镜旁，只见手指上的皮肤粗糙得像块柑橘皮一样，难看极了；他看到蜜蜂腿上的短毛，犹如缝衣针一样直立着，使人有点害怕……总之，他对任何东西都感兴趣，都要用"宝贝"仔细看看。恐怕就算是神仙下凡，列文虎克做的第一件事，也是请他走到显微镜下让自己观察一番。

  列文虎克决心辞掉工作，专心投入钻研之中。什么政府机关的稳定工作，磨制透镜才是他的真爱！几年以后，列文虎克制成的显微镜，不仅越来越多、越来越大，而且也越来越精巧和完美了，以致能把细小的东西放大到两三百倍。

  不过，当时的科学界不知道什么显微镜，更没听说过什么列文虎克。因为列文虎克所有的研究都是保密的！不，或者说他压根没觉得自己正在研究一项世界一流的技术，只当自己正在全心享受一项爱好，玩得不亦乐乎。

  但是，列文虎克的朋友——医生兼解剖学家德·格拉夫却是个聪明人。一天，格拉夫拜访列文虎克。列文虎克热情地接待了客人，并兴致勃勃地拿出自己的显微镜——像个小学生展示自己刚拼好的乐高积木一样，请格拉夫观看。

"这可真是件了不起的创造发明啊!"格拉夫感到万分震惊,"你应该立即把你的显微镜和观察记录,送给英国的皇家学会!"

"把显微镜送人?!那怎么行!"这可是列文虎克从来没有考虑过的事。显微镜是他毕生的心血,是他成长的印记,是他异父异母的亲兄弟!

格拉夫哭笑不得:"朋友,这种公开不是坏事,谁也不会侵占你的成果,你得向世界表明:你的观察是如此非凡,这是人类从未发现的新课题!"

在格拉夫的努力下,1673年,英国皇家学会收到了一封厚厚的来信。打开一看,原来是一份用荷兰文书写的、字迹工整的记录,那标题长得吓人——《列文虎克用自制的显微镜,观察皮肤、肉类以及蜜蜂和其他虫类的若干记录》。

在场的学者们看了标题后,有人开玩笑说:"这肯定是一个乡下佬写的。迷信加空想。这里边说不定写了些什么滑稽可笑的事呢!"

不过他们读着读着,嘴越张越大,眼神越来越震惊,被其中的内容牢牢地吸住了。报告中表明:一个粗糙沙粒中有100万个小生物,而一滴水——在其中,"狄尔肯"(即现在所说的微生物)不仅能够生长良好,而且能活跃地繁殖——能够寄生大约270多万只"狄尔肯"。

"这是一篇极有价值的研究报告!"大家的态度来了一个360度大转变。

经过几番周折,列文虎克的科学实验,终于得到了皇家学会的认可。他的这份记录被译成了英文,并在英国皇家学会的刊物上发表了。

这位来自乡下的"草根",果真轰动了英国学术界,一跃成为皇家学会的会员。

狄尔肯,原是拉丁文Dierken的译音,意即细小活泼的物体。这是列文虎克第一次发现微生物时,给它们取的奇怪名字。

永不止步

成功是一支兴奋剂。列文虎克亢奋了!

列文虎克将自己的观察报告持续不断地寄往伦敦。皇家学会的科学家们则争相阅读。

1673 年,列文虎克详细地描述了他对人和动物红细胞的观察情况,并把它们的形态结构绘成了图画。

1675 年,他经过多次对雨水的观察之后说道:"我用 4 天的时间,观察了雨水中的小生物,这些小生物远比直接用肉眼所看到的东西要小到万分之一……这些小生物在运动的时候,头部会伸出两只小角,并不断地活动……"

1677 年,列文虎克同他的学生哈姆一起,发现了人以及狗和兔子的精子。

列文虎克这一生,也没有什么其他爱好,除了镜片还是镜片,每天在工作室里不舍昼夜地疯狂磨制,只不过人家磨出来的可不是滑板鞋,而是一个个晶莹剔透的透镜。

1723 年,列文虎克去世了,除了数不清的观察报告,他给后人留下的,还有一箱子整整齐齐的———共 419 个显微镜。

在我们的生活中,有些人虽然是数学老师,但他酷爱写作;有些程序员整天敲代码,其实对历史颇为着迷;还有些人,虽然身为建筑工人,但他闲暇时喜欢组装自己捡回来的废旧器械……列文虎克用自己的亲身经历告诉大家,兴趣才是最好的老师,永远不要为了所谓的"正业"而抛弃爱好。那些你真正感兴趣的事物,能为你疲惫的生活带去快乐,说不定,还能让你成为名垂青史的人物呢!

4. 用剪刀和胶带来处理硬纸板，制作一个简单的手机支架，并在纸板上掏一个洞，用来放置摄像头。

5. 把手机放在支架上，打开摄像头调节一下远近，我们就得到一台"电子显微镜"啦！

6. 在支架下方放一片绿叶试试效果吧！

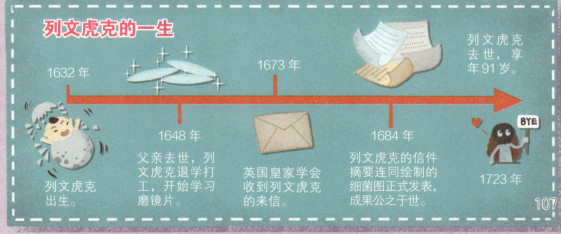

列文虎克的一生

- 1632年 列文虎克出生。
- 1648年 父亲去世，列文虎克退学打工，开始学习磨镜片。
- 1673年 英国皇家学会收到列文虎克的来信。
- 1684年 列文虎克的信件摘要连同绘制的细菌图正式发表，成果公之于世。
- 1723年 列文虎克去世，享年91岁。

你好，牛顿爵士

作者：MO

牛顿是谁啊？放心，你会对他非常熟悉的。他会不断出现在物理课本、数学课本里，你会学到他提出的好多定理，随之而来的就是各种计算题、应用题，而且有的非常难，没准会让你抓耳挠腮。千万不要因此而"怪罪"他。牛顿是位科学巨人，他的故事非常传奇。他的那些发现，更是我们打开宇宙奥秘之门的一把钥匙，是全人类的宝贝！

名人小档案

姓名：艾萨克·牛顿　　**国籍**：英国
生卒：1643年1月4日—1727年3月31日
职业：物理学家、数学家
爱好：研究奇奇怪怪的东西　　**必杀技**：一个苹果砸下来
成就：他是人类历史上最伟大的科学家之一。牛顿提出的万有引力定律以及牛顿运动定律是经典力学的基石，他还和莱布尼茨各自独立地发明了微积分

古灵精怪的小子

1643年1月，一个早产的婴儿在英国一个小乡村出生，家人给他取名牛顿。他太瘦小了，都能放进一个1夸脱（夸脱是一种容量单位，在英美国家使用）的马克杯中。家人很担心，因为他能不能活下来都是个问题。

好在他活下来了，越来越健康。慢慢长大的他不停打量着眼前的世界，对它的运转着迷，脑子里充满了谜题和"鬼点子"。据说，他小时候就研究过一本关于机械的书。除了阅读，他还将各种想法付之行动。比如，他了解了磨坊里风车的原理，干脆就做了一个小风

车，然后让一只老鼠来拉动。他在自家阁楼上做了一个太阳钟——每隔15分钟，就将墙上影子的高度标记下来。这样，他进入房间的时候，只要看看墙上的影子就能知道时间，是不是很酷？

他有一个记事本，记下好多他脑中的问题和发现，还记下一些他认为不好的、调皮捣蛋的事，但是这些都是用密码写的，别人根本看不懂。

牛顿很忙

17岁的时候，母亲对他的人生另有打算，让他辍学，回家经营农场，这让牛顿痛苦不已。他对养猪、卖货根本不感兴趣，辍学的日子里他还是扎在自己的世界中，对工作一点儿都不上心。幸好，他的一位舅舅发现了他的科学天分，他才得以重回学校，进入剑桥大学三一学院。

那个时期，大学校园里的学习气氛一点儿都不好，牛顿周围的同学整天都忙着聚会、娱乐。牛顿有些孤僻，不擅长和别人交往，而且他只对科学感兴趣。他远离人群，在自己的屋子里埋头研究。他实在是太勤奋了，每天18个小时待在书桌前，天天如此。虽然离群索居，但他并非没有朋友，有一位同学搬来与他做室友，还顺便给他帮忙，当起了他的秘书。

牛顿太忙了，他想要解决的疑问太多，比如行星是如何运行的、光的原理、颜色是怎么回事、磁铁的吸引力是怎么回事、反射的原理是什么，等等。就在他埋首研究的时候，黑死病（一种可怕的传染病）席卷英国，为了避免染病，牛顿回到了家乡的小村落。

家乡的大发现

回到家乡后，牛顿继续着自己的探秘之旅。他发现，有些问题无法用当时人们所知的数学理论来计算。牛顿这位科学天才是怎么做的呢？没就自己开创一套新方法呗！因此"微积分"诞生了，那时牛顿才21岁。他已经是世界最棒的数学家之一了，只不过世人还不知道。牛顿对名气也没兴趣，没有发表自己的微积分理论。

牛顿对视觉和光也一直充满疑问。在家乡，他冒着眼睛受伤的危险做起了实验。在一次长时间观察太阳后，他的眼中只剩下明亮的光，其他什么东西都看不到了。他在一间黑屋子里把自己关了3天，视力才有所恢复。如今，我们想要了解视觉，看书、上网查资料就能知道，但是在几百年前，牛顿为了找到答案，是冒了极大的危险的。

对视觉做了一些探究后，一天，牛顿买来三棱镜。他将屋子里的光全都遮住，在窗户上开了一个小洞，只让一束光线漏进来。这束光线经过三棱镜后折射到墙上，墙上出现了美丽的色彩，这就是著名的三棱镜实验。此前，人们一直认为大自然中的白光是单一的、纯净的。而牛顿的实验证明，白光实际上是由各种颜色的光混合而成的。别小看三棱镜和这个简单的实验，如今科学家依然在利用宇宙中不同颜色的光来进行天文研究，这一切源自牛顿那个简单的实验。

"差劲儿"老师的大发明

黑死病的威胁过后，牛顿重回剑桥，成为剑桥大学的一名教授。不过，在当老师方面，这位大科学家不是一把好手，学生们都不怎么喜欢他的课。

有了在家乡对光的研究，牛顿改良了望远镜。当时的望远镜只是通过简单的放大来看清远处的物体，很长，不方便携带，视野也不够清晰。牛顿在望远镜里加入了反射镜，如此一来，望远镜不仅可以看得更清楚，而且变得小了很多。牛顿做了一个和手肘差不多长的新型望远镜，这是一项伟大的发明。要知道，当时航海的人经常需要利用望远镜来确定航船的位置，一副好的望远镜太重要了。牛顿很喜欢这个"小玩意儿"，但对它能带来的名誉漠不关心。不过，他的一位同事还是把这种新型望远镜带给了当时的英国国王。事实上，直到今天，包括一些巨大的天文望远镜，都在使用牛顿那个"小玩意儿"的原理。

躲进自己的"小黑屋"

后来，牛顿被邀请加入英国皇家学会。这里科学家云集，是世界上最负盛名的科学机构之一。这个机构研究的内容包括天文、地理等一些很高深的学问，也包括怎么养好猪、种好果树这一类很"接地气"的学问。牛顿很喜欢这种什么都研究的氛围，在那里他将自己对光的研究写成了论文。

论文要经过英国皇家学会会长的审阅,时任会长罗伯特·胡克看完后,认为这篇论文一无是处。这让牛顿大为光火,从此离开人群,躲进小屋,埋头于自己的研究。牛顿又做了很多研究,而其中一些被认为是危险的秘密,隐藏了200多年。

"我计算过"

牛顿默默无闻地沉浸在自己的探索研究中,12年间他很少外出,顶多到外面的花园散散步。一个人的到访,结束了牛顿的这种生活。这个人就是发现哈雷彗星的爱德蒙·哈雷,他找牛顿探讨一个问题。哈雷问牛顿行星围绕太阳运转的轨道是什么样子的,牛顿想都没想就告诉他是椭圆形的。哈雷吃惊不已,问他怎么知道的。牛顿简单地说:"我计算过。"这让哈雷更加震惊。牛顿寻找计算的草稿,但没能找到,他答应再给哈雷算一遍。

几个月后,哈雷看到了牛顿的计算过程和结果,在惊讶与欣喜中,他确定牛顿是一位出类拔萃的科学家!除了给哈雷答案,牛顿还想探究更多问题。他想知道物体到底是怎么运动的,除了地上的物体,还包括宇宙中所有的物体。又过了十几个月,牛顿总结出著名的"三定律",解释了物体运动的原理。关于宇宙万物,他又提出了振聋发聩的"万有引力定律"。苹果落在地上、瀑布从高处落下、地球围绕太阳运转、无数恒星束缚在银河系中……都是因为引力!牛顿提出的新理论引爆了科学世界!人们终于知道,宇宙万物原来是这样的存在。

成为超级大明星

此时,阻挠牛顿的人再次出现了,还是罗伯特·胡克。他说牛顿的核心理论自己早就提出了,牛顿毫不留情地予以还击，讽刺胡克数学太差，连自己的计算都看不懂。不过，这样的纠缠很快就过去了，牛顿的成果太伟大，名声自然盖过了胡克。

牛顿的声誉如日中天。然而，几年后他经历了一次痛苦的折磨，从此再也没有取得新的研究成果。1693 年，连续几天的失眠几乎将他击溃，可能是太劳累了，也可能是在实验中中了毒，或者是其他别的什么原因。之后，牛顿不再埋首科学，他作为皇家铸币厂的监管和一名议员开始了新的生活。

1703 年，牛顿被选为皇家学会会长。不过，这位脾气不讨人喜欢的新会长有些傲慢，毫不在意地得罪了一些同事。但这些都无法掩盖他的科学功绩。1705 年，牛顿还被封为爵士，这是对他功绩的再次肯定和嘉奖。

84 岁那年，这位科学界的超级巨人去世了。直到如今，他的形象仍旧很高大，他的发现也不断帮助后世的人们认识和改变这个世界。

隐藏的秘密

牛顿的手稿都锁在了两个铁皮箱中。牛顿去世后，研究他的人在这些手稿中发现了一些令人瞠目结舌的东西。这些人并没有将它们公之于众，而是藏得更深。

直到 1936 年，崇拜牛顿的英国经济学家约翰·凯恩斯购买了一批牛顿的手稿。这些手稿用密码写成，凯恩斯破解了 6 年，最后发现牛顿一直在研究炼金术。传说古代的炼金术师试图通过炼金术来获得"贤者之石"，"贤者之石"不仅能点石成金，还有治疗疾病等神奇功能。

大科学家也研究炼金术？这吊足了人们的胃口。当然，传说中的炼金术不科学。在牛顿的时代，炼金术也是被禁止的。其实，炼金术中有一系列化学反应，牛顿只是通过这些化学实验进行自己的研究。

趣味实验

让我们也做一次牛顿当年的三棱镜实验吧！

一块三棱镜

步骤

1. 选一个阳光不错的日子，把屋子里的窗帘拉上。

2. 让屋子黑下来。选择阳光照射的窗户，拉开一点窗帘，让一束阳光照进来。

3. 将三棱镜对准那束阳光，调整角度，让阳光穿过三棱镜的两个面。

4.观察三棱镜折射到墙上或地上的彩色图案。

如果买不到三棱镜怎么办？可以用盛了水的脸盆和一面镜子来进行同样的实验！像图示那样，把镜子斜放在盛水的脸盆中，让阳光照向没入水中的镜子，调整好镜子的角度，对面的墙上便会出现彩色的图案。

原理

阳光通过三棱镜的两个面，发生了两次折射。同样地，阳光进入水中，被镜子反射后又射出水面，在水面上发生了两次折射。就这样，阳光被分解出了不同的颜色。

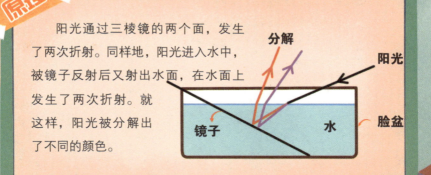

115

古代科技的先驱

在人类文明发展的早期,科学以各种各样的形式在世界各地萌芽。

早期的科学知识是零散而杂乱的,就像是草地里零星的几朵小花。

以本书中讲到的科学家为代表,这些伟大的科技先驱,以他们朴素的好奇心和求知欲,不断探求真理,带领人类社会冲破蒙昧,走向现代。